여섯 걸음

......

규장

SIX STEPS
여섯 걸음

원유경

six to seven
six to the completion

그분을 향한 사랑이 여기 있어서
그분의 마음이 이곳에 있기를 원한다.

◆◆◆◆◆◆

Prologue

얼마 전 출간된 고 이어령 교수님의 유작 《눈물 한 방울》의 두 번째 챕터에 이런 글이 나온다.

"조용한 공백 속에서 음악이 들려오듯이 모든 의미는 여백을 살해할 때 출현한다."

모든 의미가 여백의 죽음을 딛고 출현하듯이 이 책 또한 침묵을 살해하고 이야기로 태어났다. 물론 이 침묵에 대단한 비밀이 숨겨진 건 아니다. 그저 살아온 이야기다. 내가 그리스도와 더불어 살아온 이야기 말이다.

다만 나는 본래 간증하기를 즐기지 않는다. 타고난 성향이 내 이야기를 장황하게 늘어놓는 걸 잘하지 못할뿐더러 즐기지도 않는다. 이 책에 내 이야기를 쓰느라 오랜 시간 신음했다. 시간을 풀어헤치고, 사건을 깨우고, 언어의 옷을 다 입히기까지 많이 다그쳤는데도 꽤 오랜 시간이 걸렸다. 아마도 이 책이 생명이 되기 위해서 필요한 시간이었나 보다.

이 책이 누군가에게 무엇이 되기까지 내가 감당해야 하는 몫은 단지 사유하고 글을 쓰는 일 외에 생명을 잉태하고 진통하는 모든 과정이 포함되어 있었다.

어느 동물원에서 사슴이 새끼를 낳을 때 무통 분만을 시켰더니 새끼를 낳고도 본척만척하며 품지도 돌보지도 않더란다.

사랑과 책임이란 고통을 전제할 때 완성된다. 생명의 능력 역시 마찬가지다. 이 책이 이 시대를 깨우는 진정한 생명의 능력이 될 때까지 난 이 시간을 품고 잉태하고 해산의 진통을 느껴야 했다.

하지만 하나님 앞에 분투하며 씨름했던 짠 내 나는 땀방울은 언제나 오랜 시간 내게 단물 같았다. 반면에 거저 쉽게 얻는 삶의 열매는 음미할수록 쓴맛을 남긴다.

이 책이 진정 이 시대에 필요한 '하나님을 향한 여섯 걸음'이 되기 위해 내게 필요한 여섯 걸음을 모두 걷고 이제 주님께 올려드린다.

일생이 하나님 앞에 쓰임 받는 것만큼 영광스럽고 존귀한 것은 없다. 내 삶이 그러하길 원하듯 이 책 또한 그분께 쓰임 받기를 기도한다.

책을 내기까지 잉태와 해산의 모든 과정을 함께해준 동생 유진에게 말로 다 할 수 없는 감사를 전한다. 내 부르심과 고독을 가장 깊이 이해하는 이 한 사람과의 동역이 내게 늘 새로운 영감을 줄 수 있음에 하나님의 신비로운 축복을 느낀다.

사랑하는 나의 아버지와 어머니, 평생 하나님 앞에 작정된 그 기도와 헌신을 통해 지금 여기 내가 있음을 안다.

다른 무엇으로 대신할 수 없는 마음의 지지와 쉼을 주는 승원과 범준, 사랑스런 조카 지안과 정안, 이들과의 일상과 크고 작은 행복이 언제나 내게 다시 사랑할 힘을 주었다.

사랑하는 포드처치의 여섯 걸음을 함께 걷는 귀한 동역자들, 그들의 이름을 마음에 아로새긴다. 그 수고와 헌신이 그들 삶에도 결코 포기할 수 없는 특권이 되기를 기도한다.

인생은 그날의 풀과 같으며 그 영화가 들의 꽃과 같도다

시 103:15

영원한 이야기에 동참하게 하신 하나님께 모든 감사와 영광을 올린다.

Prologue

part one
Story

part two

Message

♦ ♦ ♦ ♦ ♦ ♦

여호와의 궤를 멘 사람들이 여섯 걸음을 가매
다윗이 소와 살진 송아지로 제사를 드리고
사무엘하 6:13

Story

chapter one

부르심

◆ ◆ ◆ ◆ ◆ ◆

비극은 나의 삶

나는 매일 사랑하는 만큼
두렵고 고통스러웠다.
사랑했기 때문에 더욱 두려웠다.
두려움은 내게 사랑의 징벌이었다.

나의 어린 시절은 사랑과 두려움, 삶과 죽음이 늘 한 쌍이었
다. 동전의 양면처럼 하나로 묶여있는 시간 같았다.

어머니는 발작성 빈맥과 부정맥으로 병약했다. 그로 인해 나
는 어느 순간 내 일상에 갑작스런 죽음이 선고될지 모른다는 엄
청난 불안과 공포 속에서 유년 시절을 보내야 했다. 어머니의 질
환은 어떤 지속적인 통증이나 증세와는 달리 한순간 들이닥쳐서
안정적인 일상생활을 불가능하게 했다.

한번 부정맥이 시작되면 어머니는 심각한 탈진과 공황 상태에 빠졌다. 새벽 시간이면 불안에 지친 어머니가 어둠 속에서 "유경아… 유경아…" 하며 잠자던 나를 깨웠다. 매일 새벽 예배를 드리는 아버지의 새벽잠을 방해할 수 없었던 어머니는 작은 내게 기대어 그 시간을 버텼던 것 같다.

그런 새벽에 나는 잠에서 깰 때마다 하얗게 질린 어머니의 얼굴을 마주했다. 밤마다 죽음의 그림자가 드리운 사랑하는 이의 얼굴을 보는 건 너무나 큰 공포였지만 이 또한 사랑의 몫이었다.

나는 입버릇처럼 기도했다.

"하나님, 잘못했어요. 다신 안 그럴게요. 우리 엄마 살려주세요. 살려만 주시면 제가 더 잘할게요."

이 기도를 본능처럼 반복했다. 무엇을 잘못했는지도, 무얼 더 잘해야 할지도 몰랐다. 그저 사랑하는 존재를 붙잡고 있는 어린 아이의 절박함은, 꺼져가는 심지 같던 어머니의 생명줄을 손에 쥐고 계신 하나님의 옷자락을 잡아끄는 듯한 이 맹목적인 기도로밖에 표현되지 않았다.

그런 날이면 나는 어머니 곁에 오랫동안 앉아 작은 손으로 어머니의 몸을 주물렀다. 팔다리를 누르고 어루만지며 쓸어내리는 그 작은 손끝에 생명을 향한 모든 절박함이 스며있었다.

그렇게 오랫동안 주무르고 나면 어머니는 겨우 잠이 들었고, 나는 몇 번이고 어머니의 안정적이고 고른 숨소리를 확인하고서야 잠들 수 있었다. 밤새 엄습하는 죽음의 공포 속에서 편안한 잠은 금세 달아났다. 이런 일이 반복되던 새벽 시간대의 트라우마는 오랫동안 내게서 밤의 휴식을 완전히 앗아가 버렸다.

나는 이십 대가 되어서도 밤에 불을 끄고 자지 못했다. 밤마다 찾아오는 연약한 부름과 작은 내게 기대어 힘겹게 버티던 어머니의 축 늘어진 몸과 마음을 언제든 맞이할 준비를 하고 있었나 보다. 그래서 쉽게 잠들지도, 깊이 휴식하지도 못하는 게 습관이 되었다. 깊어가는 새벽에 '오늘은 아무 일도 일어나지 않았다'라는 안도를 느끼고서야 겨우 잠의 무의식으로 들어갈 수 있었다.

어린 시절, 외할머니가 일주일에 한 번 집에 오시면 손녀들에게 통과 의례처럼 하시는 행동이 있었다. 할머니는 우리 자매의 두 손을 꼭 잡고 눈물을 쏟으며 "너희 엄마가 죽으면 내가 너희를 보러 학교 앞으로 갈게"라고 북받쳐서 말씀하시곤 했다. 갑작스런 죽음이 언제나 예견된 듯한 이 행동을 우리에게 반복하셨다. 나는 매주 반복되는 이 의식을 통해 엄마의 죽음을 계속해서 예습해야 했다.

이처럼 어릴 적 나를 둘러싼 모든 것은 언제 닥칠지 모를 죽음을 준비하게 했다. 죽음에 대한 나의 인식은 인생 전반의 태도와 정서를 결정지었다. 죽음은 삶의 마지막 장이 아닌 언제 어디서든 불쑥 끼워질 수 있는 페이지 같았다. 매일 나는 그 무시무시한

페이지를 열어보게 될까 전전긍긍하며 하루를 시작했다.

그리고 하루의 시간을 닫을 때마다 사랑하는 이들이 그저 내 곁에 여전히 함께한다는 이유만으로 사무치게 행복했지만, 행복한 만큼 동시에 이 행복이 언제든 일시에 무너져 내릴 수 있다는 불안을 느꼈다.

내 행복의 역치(閾値)는 고작 사랑하는 사람이 모두 살아서 내 곁에 있는 거였다. 그것만으로 더 바랄 게 없었다. 그런데 이것이 충족되는 게 왜 그토록 위태로웠을까?

사랑하기에 아픔과 두려움을 느끼는 삶의 불완전성이, 또 언제 불쑥 끼어들지 모르는 죽음의 페이지가, 매일 이 슬픈 사랑 이야기를 여닫아야 하는 하루의 무게가 내 유년 시절을 무겁게 짓눌렀다. 비극은 나의 삶이었다.

단 한 번의 예배

고등학교 2학년 때 동생의 권유로 '경배와 찬양' 수련회에 참석했다. 동생은 언니의 방황과 슬픔을 종식할 유일한 방법이 자신이 앞서 경험한 영적 평안을 누리는 것뿐이라는 생각에 꽤 오랫동안 나를 이 수련회에 데려가기 위해 준비했었다.

당시 나는 거부할 수 없는 동생의 간곡한 권유에 떠밀려 아무런 기대도 없이 참석을 결정했다. 출발 당일, 수련회장으로 향하

는 긴 이동 시간 동안 내내 나는 충만한 헌신자들 사이에서 아랑
곳하지 않고 대중 가수의 음악을 들었다. 이어폰을 끼고 창밖을
무기력하게 바라보며 주변 사람들에게 완전히 무신경했다. 버스
에서 내려 숙소에 짐을 풀고 첫 예배를 드리러 예배당으로 향할
때까지도 나는 음악을 듣고 있었다. 흥얼거리며 노래를 따라 부
르기도 했다. 예배당으로 가는 완만한 언덕을 오르는데 누군가
내 등짝을 세차게 내리쳤다.

"그만 좀 해라!"

동생이었다. 인내심에 한계가 왔다는 듯이 짜증스럽게 말했
다. 나는 태연히 받아쳤다.

"예배당에 들어가면 어차피 못 들으니까 들을 수 있을 때까지
들을 거야."

결국 나는 동생의 호통과 신경질에도 아랑곳하지 않고 수련
회 장소에서도 대중 가수 듀스의 음악을 흥얼거리며 예배당으로
들어갔다. 그 안에 들어선 순간부터 어차피 들을 수 없으니 들을
수 있을 때까지 듣겠다던 내 말은 적중했다.

그날 이후 나는 더 이상 다른 노래를 찾지 않았다. 그게 끝이
었다. 그리고… 시작이었다. 완전히 다른 삶의 시작. 예배당으로
향하던 그 언덕길의 걸음을 생생히 기억하는 것은, 그날을 기점
으로 내 인생이 완전히 달라졌기 때문이다.

여섯 걸음

그걸 어떻게 설명할 수 있을까. 인생에 한 번쯤 찾아올까 말까 한 운명적 만남과 경험을. 나는 그곳에서 하나님을 만났다. 그분은 약속대로 당신의 백성의 찬송 가운데 계셨다. 말로 다 표현할 수 없는 영광스러운 모습으로.

나는 지금 "나는 그곳에서 하나님을 만났다"라는 이 한 줄을 썼다 지우기를 반복했다. 이 한 줄이 어떻게 읽히고 해석될지를 곰곰이 생각해봤다. 유한하고 미약한 우리 존재가 무한하신 하나님의 영광 앞에 서서 그분의 얼굴을 마주하는 경험 말이다.

이것이 어떻게 표현되고 어떻게 해석될 수 있을지를 고민하며 한 줄의 글을 적어 내려가길 망설이면서 문득 나는 바로 이 행위가 이 경험을 가장 잘 표현해낸 것이라는 생각이 들었다.

'말로 표현할 수 없는, 바로 그것이 그분의 임재라는 것!'

우리의 존재가 어떤 초월적 힘과 사건에 직면할 때 종종 '억' 하는 소리를 낼 때가 있다. 이런 경험을 '말문이 막힌다'라고 표현한다. 이성과 경험을 초월하는 압도적인 존재 앞에서 사고 회로가 잠시 큰 혼란을 겪는 것. 미처 사유와 언어로 주워 담을 수 없는 경험. 따라서 침묵과 경배가 그분의 임재 앞에 선 인간의 영적 본능이다.

나는 하나님의 임재 앞에서 본능적으로 멈췄다. 그분의 영광 앞에 섰을 때, 비로소 제대로 된 숨을 쉬는 듯했다. 완전히 새로운 호흡이 불어넣어졌다. 영혼에 생명의 들숨이 채워졌다.

어머니의 자궁에서 막 나온 갓난아이처럼 새로운 숨을 내쉬며 깨달았다.

'아, 이것이 진짜 삶이구나….'

이전에는 관념적이고 추상적이던 하나님의 존재가 너무나 위대하고 영광스러운 실체로 내 앞에 계셨다. 그분은 존재 자체로 완전하셨고 숨 막히도록 압도적이었다. 엄청난 환희와 기쁨이 내 전 존재에 번져갔다. 이 경험을 해보지 않고서는, 그 영광을 맛보지 않고서는 '하나님을 만났다'라는 의미를 결코 가슴으로 받아들일 수 없을 것이다.

나는 하나님의 임재 앞에서 내 존재가 소멸하는 즐거움을 느꼈다. 그토록 나를 누르던 자아와 인생의 무게가 한순간 먼지처럼 사라졌다. 이 기적은 예배하는 내 영혼에 베풀어졌다. 어떤 상황과 조건에도 제한받지 않고 그분을 예배하는 것만으로 언제든 영원하고 순전한 기쁨에 잠길 수 있다는 사실에 소망이 생겼다.

그분의 위엄과 존귀와 광대하심과 아름다움 앞에서 인생의 다른 이유를 찾을 수 없었다. 오로지 그분을 예배하는 기쁨만이 가장 실체적이고 무한한 행복이었기에 삶의 다른 목적은 멀리 물러갔다.

단 한 번의 운명적 예배 이후, 내 영혼을 관통한 사랑을 느꼈다. 이 사랑은 사랑하기에 아픔을 느낄 수밖에 없던 이전의 사랑

공식과는 완전히 달랐다. 이 사랑은 '완전'했다.

단 한 번의 예배로, 그때까지 내 속을 가득 채웠던 두려움 없는 사랑에 대한 깊은 갈망과 결핍이 완벽히 채워졌다. 영혼의 빈 잔이 넘치도록 채워진 것이다. 나는 이 사랑의 절정에서 결단했다.

'내 삶을 여기에 걸어야겠다….'

타는 목마름

그날 밤 이후로 영적 쓰나미가 계속 밀려들었다. 첫날 저녁부터 둘째, 셋째, 넷째 날에 이르기까지 무엇으로도 대체할 수 없는 완전한 만족이 차올랐다.

역사가 예수 그리스도의 탄생을 기점으로 A.D.와 B.C.로 나뉘듯이 하나님을 향한 내 사랑이 점화된 이후 명확한 변화가 생겼다. 예배를 통한 인생의 운명적 전환은 삶을 급격하게 바꿔놓았다.

나는 인생의 목적을 '예배'에서 발견했다. 주님이 나를 예배자로 부르셨고, 나는 예배드리기 위해 창조되었다는 존재적 이유가 삶을 강하게 끌어당겼다.

이후 3년 동안 나는 시간을 구별해 홀로 골방 예배를 드렸다. 지극히 사적인 공간에서 지속된 하나님과의 친밀한 사귐은 내 삶과 사역과 신학과 영성을 구성하는 모든 것의 뿌리와 초석이 되었다. 홀로 하나님을 목놓아 부르던 그 작은 골방 안에 펼쳐진 지성소의 영광을 상상해보라. 그곳에선 "초막이나 궁궐이나 내 주 예수 계신 곳이 그 어디나 하늘나라"라는 찬양의 고백이 실제가 되었다.

하나님의 임재를 향한 목마름으로 주님을 애타게 찾고 부르며 엎드려 경배할 때마다 하나님은 내게 그분의 영광을 보이셨다. 예배가 또 다른 예배를, 목마름이 더 큰 목마름을 부르는 영적 순환이 이어졌다.

목마름이란 사랑에 수반되는 것이다. 어느 유행가 가사처럼 '보고 있어도 보고 싶은' 연인을 향한 충만한 애정과 그리움의 상태로서 말이다. 하나님을 향한 목마름도 우리의 의지적인 반응과 태도라기보다는 영적 본능에 가깝다.

육체적 본능으로 배고픔을 느끼듯 영적인 존재로서도 영적 허기를 느끼기 마련이다. 우리가 영적인 존재로 거듭나고 영에 속한 사람으로 살아갈수록 이 욕구는 더욱 강하게 우리를 지배한다.

아이러니하게도 하나님께 가까이 가기를 간절히 원하는 사람은 하나님께 가장 가까이 있는 사람이다. 바로 깊음이 깊음을 부르기 때문이다. 모세는 하나님의 영광을 보았을 때, 더욱 하나님의 영광을 추구했다. 그분의 영광을 향한 목마름은 그분의 임재에 거할수록 더욱 증폭됐다.

이 목마름을 가장 뜨겁게 묘사한 성경 구절이 시편 42편이다.

여섯 걸음

사슴이 시냇물을 찾기에 갈급함같이

내 영혼이 주를 찾기에 갈급하니이다 시 42:1

이 시의 기자가 갈망한 시냇물은 곧 우리 영혼의 생수이신 예수님으로, 그분의 임재와 그분과 나누는 생생한 영적 교통을 의미한다. 그런데 왜 하필 사슴을 통해 목마름을 표현했을까?

아마 그는 들판을 다니다가 물을 얻지 못해 죽은 수많은 사슴을 목격했을 것이다. 맹수에게 물리거나 병든 게 아닌 목마름을 견디지 못해 광야에 쓰러져 죽은 사슴을 보며, 사슴에게 물이 얼마나 간절한 필요였을지 절감했을 거다.

팔레스타인 지방에서는 가을이 되면 사슴들이 짝짓기를 하는데, 이때 사슴들은 실제로 목이 타는 듯한 갈증을 느낀다고 한다. 게다가 사슴의 혓바닥은 얇아서 몸에 수분이 부족해지면 혓바닥이 입천장과 붙게 되면서 엄청난 고통을 느낀다. 물이 귀한 중동지방에서 기력이 다하도록 시냇물을 찾지 못하면, 결국 사슴은 뜨거운 태양 아래서 본능적으로 앞발로 땅을 파다가 눈을 부릅뜨고 죽어간다.

사슴에게 갈증은 곧 죽음이었다. 목마름은 감상적 필요가 아닌 죽음에 이르는 고통이었고, 시냇물을 향한 갈급함은 사력을 다하는 몸부림이었다. 고통 가운데 경중경중 뛰며 시냇물을 찾아 헤매던 사슴의 몸부림.

시편 기자가 하나님의 임재를 향한 자신의 목마름을 사슴의 갈증에 비유한 것이 정말 놀랍다. 그는 이를 통해 오직 하나님 한 분을 찾고 찾는 예배자의 절박한 목마름을 표현하려 한 것이다.

평생을 예배자로 헌신한 이후 내가 늘 소원하는 것은 바로 이 목마름이었다. 그때부터 나는 줄곧 이 목마름을 '타는 목마름'이라 표현해왔다. 나는 '타는 목마름'을 원했다. 이것은 나의 사명과 부르심에 앞서 존재하는 나의 존재적 키워드가 되었다.

순전한 사랑

처음 예배자의 꿈을 꾸고 인생의 비전을 세우던 시점에 큰 영감을 받은 생텍쥐페리의 말이 있다.

"만약 여러분이 배를 짓고자 한다면, 더 많은 나무를 얻고, 일을 나누고, 지시하는 데 많은 힘을 쓰지 말라. 다만 사람들에게 광대하고 끝없는 바다에 대한 갈망을 가르쳐라."

나는 하나님을 향한 갈망을 가르치는 사람이 되고 싶었다. 광대하고도 끝없는 갈망. 그래서 매 순간 가슴이 뛰었다. 자율 신경계가 고장 난 것처럼 하나님의 임재 앞에 지속적인 떨림과 흥분, 설렘과 환희를 느꼈다.

심지어 그분이 나를 얼마나 사랑하시는지 아는 것조차 중요치 않았다. 하나님을 향한 내 사랑과 목마름만으로도 충분했기에.

누군가를 깊이 사랑하면 그저 그 존재 자체로 무한한 기쁨을 느낀다. 그가 내게 무얼 해주고 어떤 유익을 주는지는 중요치 않아진다.

나는 하나님을 향한 내 사랑에 자부심을 느꼈다. 이것은 나 자신에 대한 자신감과는 거리가 멀다. 내가 얼마나 유능한 사람인지, 그래서 하나님을 위해 무엇을 할 수 있을지를 판단하는 것과 차원이 달랐다.

나는 중요하지 않았다. 나는 단지 하나님을 끝까지 가슴으로 사랑하고 싶었다. 식지 않는 사랑, 유일한 사랑으로. 이것이 내 사랑의 긍지였다. 이 사랑으로 내 존재를 대변하고 싶었다.

당시 동생에게 받은 생일 카드가 기억에 남는다. 카드엔 장 자끄 상뻬의 《라울 따뷔랭》 이야기가 적혀있었다.

라울 따뷔랭은 프랑스의 작은 마을에서 최고의 자전거 수리공이다. 이 마을에서는 '자전거'가 '따뷔랭'으로 불린다. 특별한 전문성을 가진 장인의 이름이 대명사가 되는 관습이 있기에 최고의 자전거 수리공의 이름을 따서 자전거를 '자전거'가 아닌 '따뷔랭'으로 부르는 것이다.

동생은 이 책을 소개하면서 "나는 언니의 예배가 따뷔랭 아저씨의 것과 같기를 바란다"라고 했다. 하나님께서 '예배자'라는 단어를 '원유경'이란 이름으로 부르실 수 있을 만큼 최고의 예배 전문가, 예배 장인이 되라고 했다. 그 메시지는 내게 큰 울림을 주었다.

그런데 라울 따뷔랭에게는 비밀이 있었다. 그는 자전거 수리에는 최고의 장인이었지만, 정작 자전거를 탈 줄 몰랐다. 물론 자전거를 고치는 것과 타는 건 다른 차원의 기술이다. 하지만 이것은 그에게 치명적인 콤플렉스였다. 결국 그 책은 인간의 결정적 '결핍'에 관한 이야기였다.

나는 이를 이면적 메시지로 마음에 새겼다. 로마서 말씀, "다른 사람을 가르치는 네가 네 자신은 가르치지 아니하느냐"(롬 2:21)처럼 예배에 관해 아는 것과 실제 예배하는 것은 완전히 일치해야 했다. 예배 단에 설 때마다 회중을 향해 예배를 선언하고 가르치면서 정작 나 자신은 온전히 예배하지 않는다면, 이 둘은 전혀 다른 차원의 기술이 된다. 예배를 섬기기에 하나님을 예배하고 있다고 착각하지 않도록, 이 둘 사이에 어떤 간극도 없도록 늘 경계했다.

결국 이것은 나와 하나님과의 관계의 질이 좌우한다. 이 관계의 질은 교감의 밀도에 따라 달라진다. 나는 3년 가까이 골방에서 홀로 예배하며 하나님과 사랑의 교제를 나눴다. 주님을 사랑하기에 외치는 부름, 사랑하기에 향하는 시선과 갈망은 인생의 다른 필요를 채우기 위해 하나님 앞에 서는 것과는 전혀 다른 차원이었다. 이 순수한 교제의 경험은 그분을 알아가기에 필요한 시간이었다.

히브리어로 '아바'(Abba)라는 말은 이스라엘 사람들이 아버지를 매우 친근하게 부를 때 사용하는 흔한 호칭이다. 어린아이가 아버지를 격 없이 부를 때, 아버지에게 다가가 귓가에 속삭이거나 아버지의 목을 감싸 안으며 건네는 친밀한 호칭이다.

이 부름이 원어로는 "I long for your smell"(나는 당신의 체취를 갈망합니다)라는 의미라고 한다. 누군가의 체취는 그를 가까이하는 사람만 느낄 수 있다. 상대방과 거리를 두면서 그의 체취를 맡을 수는 없다. 그저 대상을 보거나, 그에 대해 듣거나, 그를 잘 알아도 체취를 맡기 위해서는 가까이 다가가야 한다. 아주 가까이 다가가 기대거나 안거나 몸과 몸을 포개고 맞대지 않으면 체취를 맡기란 쉽지 않다. 상대를 개념적으로 아는 것과 체취를 느끼는 건 완전히 다른 일이다.

어린 시절, 주말마다 할머니가 오시면 나는 할머니 팔을 베고 잤다. 할머니 품 안에 얼굴을 파묻고 자면 할머니의 숨 냄새를 맡을 수 있었다. 아직도 나에겐 할머니의 냄새가 생생하다.

"I long for your smell"은 곧 그에게 기대거나 안겨보았다는 거다. 나는 하나님의 임재 안에서 그분을 "아바"라 부르며 이 갈망을 표현하는 게 더없이 좋았다. 이 부름 속에 서로를 향한 존재적 기쁨을 나누는 것이 내가 누리는 예배의 환희였다.

운명적 부르심

이때부터 나는 내 인생을 예배를 위해 온전히 구별하고 싶었다. 이것은 내게 한 가지 소원이 됐다. 예배에 전부를 걸고 내 운명을 던지고 싶었다.

하지만 이것은 어디까지나 내 소원일 뿐이었다. 당시 나는 예배 안에서 내 운명을 발견하고 자원하는 마음으로 주님을 예배하며 친밀한 교제를 지속했을 뿐, 사역자로서 구체적인 부름과 사명을 받지는 못했었다. 나는 소원을 넘어서 사명으로서 하나님의 특별한 부름을 받고 싶었다. 하나님으로부터 온 부르심이 필요했다.

많은 이들이 자신의 소원과 하나님으로부터 온 부르심을 구별하지 못한다. 내가 수많은 동역자에게 가장 많이 던지는 질문이 하나님의 부르심에 관한 것이다. 이 둘이 엄연히 다르기 때문이다. 만약 그것이 마음의 소원을 넘어서 부르심이라고 한다면 그것엔 전혀 다른 무게가 실려야 한다. 그래서 하나님의 부르심을 받았다고 말하면서도 그에 대해 존중과 경외감이 없는 것을 보면 난 의아하다 못해 분을 느끼기도 한다.

'대체 하나님으로부터 온 것에 왜 이토록 존중이 없는가! 하나님으로부터 부르심이 있다면 왜 망설이며 주저하는가! 왜 전부를 걸지 않고 쉽게 돌아서는가!'

'부르심'은 '사랑'만큼 쉽고 상투적인 말이 되어버렸다. 이 말에 담긴 우주만큼의 무게와 크기와 신비를 깨닫지 못한다. 나는 하나님을 향한 나의 갈망과 소원만으로 사역자의 삶을 작정하는 건 부족하다고 느꼈다. 아니, 이치에 맞지 않다고 생각했다. 나를 향한 하나님의 부르심이 필요했다.

하나님이 내게 당신의 일을 맡겨주시길 원했다. 천지를 말씀으로 지으신 분께서 말씀으로 내 인생을 호명하시길 바랐다. 믿음직스러운 종에게 자기 일을 맡기는 주인처럼, 그분을 사랑해서 예배할 수밖에 없는 이 사명에 불러주시길 간절히 원하고 기다렸다.

하나님의 일에 자기 인생을 드린 수많은 종을 보면서 '왜 주님은 나 같은 자원병을 두고 다른 사람을 징집해서 쓰실까' 하고 의아할 때도 있었다.

그렇게 깊은 갈망과 기다림이 축적된 어느 새벽, 혼자 찬양을 들으며 말씀을 읽는데, 사무엘상 16장 23절이 내 안에 들어왔다.

하나님께서 부리시는 악령이 사울에게 이를 때에

다윗이 수금을 들고 와서 손으로 탄즉

사울이 상쾌하여 (정신적 치유) 낫고 (육신의 회복)

악령이 그에게서 떠나더라 (영적 자유)

그 순간, 하나님의 부르심이 내게 임했다. '드디어 내게 왔다!' 싶을 만큼 운명적이며 구체적인 사명으로의 부르심이었다. 이 약속 위에서 예배할 때 치유와 회복의 역사가 있을 거라는 말씀이었다.

그토록 수없이 나 자신을 이 시대 다윗으로 당신께 드리길 원한다고, 사랑에 전부를 건 순전한 예배자로 살길 원한다고 고백했던 내 울부짖음을 하나님께서 들으신 거였다. 하나님께서는 그날 하나님의 부름을 기다리며 하염없이 하늘을 향해 서있던 내게 찾아오셔서 내 인생을 부르셨다. 그분 앞에 세우시고 말씀의 약속을 내 인생에 부어주셨다.

또한 이 시기 나에게 큰 의미로 다가온 한 사건이 있었다.

어느 날 이모할머니가 우리 집에 오셨다. 기도 사역을 오래 하신 할머니는 아버지가 청년 때 아버지의 사명을 일깨워주신 중보자셨다. 나는 할머니께 기도를 받고 싶었다. 할머니는 나를 위해 기도하신 후에 한참 곰곰이 생각에 잠겨 계시다가 의미심장한 표정으로 고개를 갸우뚱하며 말씀하셨다.

"유경이 인생에는 사명이 있는 것 같네."

이 말이 떨어지기가 무섭게 나는 벅차오르는 마음으로 다시 여쭀다.

"사명이요?"

"응, 유진이 삶이랑은 다르네. 유진이는 자유롭게 하고 싶은 걸 하면서 살면 될 것 같은데… 유경이는…."

여섯 걸음

할머니는 내가 '사명'을 어떻게 받아들일지 조심스러워하시는 것 같았다. 누군가는 이를 마치 거부할 수 없는 신탁이나 족쇄처럼 여기기도 하니 말이다.

"유경이는 하나님이 사명을 주신 것 같아."

"정말요? 하나님이 제게 사명을 주셨대요? 정말요?"

나는 할머니의 말씀을 낚아채며 하나님께서 내 인생에 특별한 사명을 주셨는지 거듭 확인했다.

금방이라도 눈물이 터질 것 같았다. 나라는 사람에게 그분의 위대한 뜻을 맡기신다는 것 자체가 너무도 감격스러웠다. 어느 정도의 무게로 이 일을 받아들여야 할지 몰라 가슴이 북받쳤다.

신이 인간에게 뜻을 둔다는 사실만으로 우리는 놀라야 한다. 이 영광스러운 일 앞에서 전율해야 한다. 소스라치게. 이때 옆에 있던 동생은 눈이 휘둥그레져서 나를 쳐다봤다. 나중에 들어보니, 동생은 기쁨에 겨워하는 나를 보며 이런 생각을 했다고 한다.

'이 인간이 미쳤나…?'

동생은 자신의 삶에 허락된 자유와 내 삶에 다가온 사명이 서로 반대편에 있는 것으로 느껴졌다고 했다. 그리고 자신은 당연히 자유의 삶을 환영했지만, 정작 거부할 수 없는 사명의 무게를 받아안고도 뛸 듯이 기뻐하는 나를 보며 서로가 추구하는 삶의 큰 차이를 느꼈다고 말했다.

인간에게 내린 신적 부름에 대해 어떻게 생각하는가? 땅의 사람에게 위임된 하늘의 사명. 사람을 통해 이루시는 하늘의 뜻. 오늘날 '영광'이라는 의미를 몹시 잘못 사용하고 있어서 사람들은 이것이 얼마나 영광스러운 일인지 모른다. 이 거룩한 부름에 대한 이해력은 세상으로부터 배운 인생과 성공의 개념으로 망가져 있다.

나는 이 시대의 사명자들이 모든 것에 앞서 이 부름을 기다리고 귀 기울이기를 원한다. 단순히 영적 갈망과 목마름에 그치지 말고, 하늘의 부르심이 인생에 오기까지 기다림 앞에 머물기를 원한다.

연인에게 건넨 떨리는 사랑 고백이 사랑의 응답으로 되돌아왔을 때 뛸 듯이 기뻐해본 적 있는가? 그러나 하나님의 부르심은 단순히 사랑이 사랑에 응한 것과는 또 다른 차원이다. 천지의 주시며 만유의 주이신 하나님께서 한 미천한 인생에게 당신의 거룩하고 위대한 사명을 맡기셨다는 것. 이것만으로 가슴 터질 듯이 벅차오르는 일이다.

기다림 속에서 부르심과 사명을 받은 자들은 알게 된다. 부르심이 그 자체로 인생을 견인해간다는 것을. 그 고귀한 약속이 인생을 안고 간다는 것을.

하나님이 나를 부르셨다. 이거면 된 거다.
이제 그 부르심이 나를 대신할 것이다.

여섯 걸음

주님을 향한 방향과 전력

이후 나는 찬양 음반을 들으면서 '예배적 상상력'을 키웠다. 은밀하고도 개인적인 성소에서 누린 구체적 경험을 토대로 '예배 신학'을 정립해나갔다. 체험을 기반으로 정리된 지식은 살아있는 지식이었다. 나는 찬양 음반을 들을 때도 트랙별로 예배의 흐름을 이해하려 했다.

'이 음반은 곡 순서가 왜 이렇게 구성되었을까?'

'예배 인도자는 1번 곡을 왜 맨 앞에 배치했을까?'

'예배의 절정에서 예배자의 시선은 어디를 향하고 있을까?'

묻고 또 물었다. 실제로 이 고민을 해봤기에 누군가의 예배에 예배적 흐름에 대한 고민이 없을 때 나는 금세 알아챌 수 있었다. 고민을 해본 사람은 고민의 부재를 금방 알아차린다.

예배 속 찬양엔 엄격한 기준이 필요하다. 이는 내가 오랜 시간 정립한 아주 중요한 대원칙이다. 엄밀히 말해서, 예배 인도자가 음악적으로 얼마나 뛰어난지, 노래를 유창하게 하는지는 중요하지 않다. 단지 싱어(singer)가 아니기 때문이다. 예배 곡에는 반드시 그 시선 끝에 예배자 자신이 아닌 하나님의 영광이 있어야 한다. 이것이 '예배적 시선'이다.

최근 많은 사랑을 받는 찬양팀의 찬양에도 단지 생활 속에서 불릴 수 있는 곡과 예배 안으로 들어올 수 있는 곡의 엄격한 구분이 필요하다고 생각한다. 위로와 소망을 불러일으키는 교회음악이 무수히 존재하지만, 그것이 전부 '예배 곡'은 아니다. 그것은 '크리스천 뮤직'이라는 한 장르에 불과하다.

사람들은 찬양에서조차도 위로받길 원한다. 감성적인 선율과 노랫말로 자신의 감정, 아픔, 실패와 좌절을 위로받고 눈물 흘리길 원한다. 하지만 예배가 깊어질수록 예배자는 자신을 의식할 수 없다. 예배의 본질에 가까울수록 자신으로부터 시작된 어떤 것에도 기댈 수 없다. 이것이 예배다. 예배는 오로지 '하나님을 위한 것, 하나님에 의한 것 그리고 하나님의 것'이 되어야 한다.

그렇다고 함께 사역하는 예배 인도자들의 예배 콘티를 직접 지도하거나 관여한 적은 없다. 이 또한 내 사역의 원칙이다. 콘티만큼은 자신의 고백이 담겨있어야 하기에 이 결정에 대해 존중한다.

하지만 사역을 하다 보면, 막상 이 예배적 시선의 부재로 인해 안타까움을 느낄 때가 많다. 예배자들의 시선이 하나님께로 미치지 못하고, 자기 안에 머물거나 순간의 감정에 정체되어 하나님의 영광에 이르기까지 확장되지 못하는 경우를 종종 본다. 그런 예배는 '와, 그 찬양팀 너무 잘하더라~'라는 감상만 남긴다.

자신이 적당히 감성적이었다는 것만으로, 눈물을 쏙 뺐다는 것만으로 예배의 은혜를 논할 수 없다. '예배적 시선'으로 견인된 예배는 하나님에 대한 감상, 전 우주적 영광에 대한 감상이 남아야 한다.

여섯 걸음

때로 예배 인도를 꿈꾸는 사람들이 내게 예배 인도자로서 어떤 기능적인 준비를 했는지 물어온다. 참 머쓱한 질문이다. 내가 예배 인도자가 되기까지 매번 예배를 준비하면서 크게 고민하지 않았던 부분이라 그렇다.

정작 내가 늘 강조하는 건, 예배 인도가 영적인 사역이라는 점이다. 찬양할 때 목소리를 어떻게 매끄럽고 화려하게 낼지는 사실 중요하지 않다. 예배 인도자는 영혼들을 주님께로 이끄는 '개' 같은 사람이다. 나는 이 시선 속에서 주님께 전력을 다해 돌진한다. 그렇게 주님을 향해 가다 보면 영혼들이 따라온다.

이때 중요한 건 주님을 향한 '방향'과 '전력'(全力)이다. 시선을 놓쳐서는 안 되고 힘을 아껴서도 안 된다.

무엇보다 예배 인도자는 영혼들을 하나님 앞에 어떻게 데리고 갈지 정확한 '영적 맵핑'(spiritual mapping)을 해야 한다. 이것 없이 갈팡질팡하거나 방향도 시선도 없이 감성만 추구하는 예배는 크리스천 뮤직 정도에만 머물 수 있다고 생각한다. 엄밀히 말해서, 예배는 될 수 없다.

사실 나는 노래나 악기 연주를 잘하고 싶다는 목표를 가져본 적이 없다. 물론 잘하면 좋다. 잘하고도 싶다. 하지만 그게 우선인 적은 없었다. 나는 다만 나의 "하나님~"이라는 부름만으로 영혼들의 굳은 마음이 녹아내리고, 땅에 떨어진 시선이 하나님께로 향하길 바랐다. 그래서 '성령님, 나의 스승이 되어주세요', '하나님, 제 목소리에 기름부어 주세요'라는 기도는 수없이 드렸다. 내 음악적 도구들이 주님께로 나아가는 통로로 쓰이려면, 성령께서 기름부어 주시는 것만이 답이기 때문이다.

부르심의 원석을 찾으려는 노력 없이 맹목적으로 기능을 갖추려 애쓰는 건 위험하다. 자기 자신을 잘 알아야 한다. 그리고 무엇이 진짜 중요한지도 알아야 한다. 내가 생각하는 예배 인도자의 원석은 '목마름'이었다. 예배적 부르심은 그 어떤 화려한 기능보다 결국 이 목마름에 있다고 생각했다.

영혼의 목마름을 목소리에 담아내어, 주님을 부르는 외침만으로 영혼들의 영적 갈망을 끌어올리는 일이 예배 인도자의 사명이라 믿었다. 그래서 무엇보다 그걸 갖추길 원했다.

전통(quiver) 속에 숨겨진 시간

이런 예배 철학과 원칙을 스스로 정립해가며 예배 인도자가 되기를 준비했지만, 당시 한국 교회의 상황은 내가 꿈꾸는 사역의 실현이 원천적으로 불가능했다.

전통 교회에는 사회자의 엄숙한 개회 선언과 더불어 각 예배 순서의 명확한 구분과 엄격한 예배 형식이 존재했던 터라, 음악이 그 형식의 구분을 허무는 건 상상조차 할 수 없었다. 찬양팀의 기능은 예배 전 '준비 찬양 시간'으로 불리는 순서를 이끄는 것에 불과했고, '예배 인도자'라는 역할 자체가 불분명했다. 게다가 찬양팀 리더 정도면 몰라도, 여성이 예배를 인도한다는 건 어림없는 일이었다.

내가 꿈꾸는 사역은 한국 교회에선 낯선 것이었다. 누군가에게 내 꿈과 비전을 설명하려면 그 정체성과 정의부터 설명하고 이해시켜야 하는 한계가 있었다. 내가 계속 '예배 인도자'가 되고 싶다고 하자 주변에서는 이런 반응을 보였다.

"찬양팀 리더를 하고 싶은 거니?"

"아뇨, 워십 리더(예배 인도자)가 되고 싶어요."

"그게 멋있어 보이니?"

"…?"

이런 시선에 부딪힐 때마다 하나님께 드리고자 하는 내 중심이 근본적으로 이해받지 못한다고 느꼈다.

예배 인도자의 고정된 역할뿐 아니라 교회 안 여성 리더를 향한 편견과 한계도 큰 걸림돌이었다. 여성은 예배 안에서 집행자가 될 수 없으며 찬양팀 안에서도 싱어 역할만 해야 한다는 암묵적인 테두리 안에서 나는 고민이 컸다.

하나님이 열망을 주셨는데, 시대는 안 된다고 했다. 하나님의 부르심과 현실의 간극이 너무 컸다. 지금의 사회 분위기에서 당시 상황을 생각하면 이해할 수 없고 낯설 것이다. 하지만 그때 나는 꿈꾸는 일 자체가 벽에 부딪히는 느낌이었다.

여성 리더로 세워지기까지 교회 내의 이런 차별적 의식과 분위기에 반감을 가져본 적 없냐는 질문을 많이 받았다.

사실 여전히 교회의 목회자 조직은 지극히 남성적이다. 남성이 대다수인 집단이니 당연하다. 하지만 단 한 번도 차별에 대한 저항감으로 꿈의 의지를 다지진 않았다. 차별이 없었다는 것도, 그로 인해 상심하지 않았다는 것도 아니다. 하지만 그 의식 자체에 저항하는 건 쓸데없는 소모전이라고 여겼다.

나는 그저 하나님이 주신 꿈을 꿀 뿐이었다. 시대가 준비되지 않았으니 시대를 준비시켜달라고 기도했다. 이 또한 내 꿈과 열정의 몫이었다.

모든 건 하나님이 결정하시며, 하나님의 일은 그분이 이루신다. 물론 하나님만 하실 수 있는 게 있고, 철저히 내 순종과 열심의 몫이 존재한다. 본질은 하나님께서 '내가 너를 이 시대의 리더로 쓰겠다'라고 말씀하셨으니, 그게 답이고 결론이라는 믿음을 버리지 않는 것이었다. 의식이나 시스템은 하나님의 결정에 따라오리라는 확신 위에서 시대적 상황을 바라보니, 반감과 분노로 자신을 상하게 할 필요가 없었다. 그저 하나님이 이루실 일을 기대하며 나는 내 일을 할 뿐이었다. 계속 꿈꾸고, 기도하는 것.

다윗은 시편에서 끊임없이 고백한다.

"구원은 하나님께 있다!"

여섯 걸음

다윗은 모든 상황 안에서 최고 결정권자이신 하나님이 구원을 결정하시고, 그분의 결정에 따라 모든 게 이뤄질 거라는 믿음이 있었다. 그랬기에 어떤 상황에서도 놀라운 초연함과 담대함을 보였다.

'하나님, 저를 쓰시기로 작정해주세요. 하나님만 작정하시면 됩니다. 저를 위해 시대를 준비시켜주세요. 제가 하나님께 쓰임 받는 시대, 시대적 요구와 필요가 제 앞으로 오도록 준비시켜주세요.'

나는 다윗처럼 기도했다. 이 기도는 무력하지 않았다. 그리고 '시대의 리더'로 준비되기 위해 리더십 관련 도서를 닥치는 대로 읽었다. 그중 엘리자베스 1세 여왕이 "나는 국가와 결혼했다"라는 명언을 남기며 영국을 위해 자기 삶을 바친 이야기가 큰 울림으로 다가왔다. 그녀에게 나를 이입했다.

나도 하나님나라를 위해 사사로운 삶에 매이지 않고 전적으로 헌신하길 원했다. 영적 나실인으로 내 삶을 드리길 갈망했다. 나실인이 머리에 삭도를 대지 않고 포도주를 금하고 시체를 멀리한 것처럼, 내 삶을 하나님 앞에 구체적으로 구별하고 싶은 마음이 자라났다.

이때 나는 유일한 사랑의 결단을 하나님 앞에 드렸다. 하나님께 드리는 내 마음이 어떤 것에도 나뉘지 않길 바랐다.

나는 보통의 삶과 행복에 대한 기대를 내려놓기로 결단했다.

내가 꿈꿀 수 있는 다른 행복을 애초에 접어두고 싶었다.

결코 이 결정이 쉬웠던 건 아니다. 아프지 않았던 것도 아니다. 그러나 내 마음의 중심과 인생의 절정이 오로지 하나님께만 구별되길 원하는 마음을 어찌할 수 없었다.

그렇게 홀로 3년간, 이 순전한 사랑을 키우며 예배했다. 그분 앞에 충분히 엎드리고 머물면서 꿈과 비전을 갈고닦았다. 내 인생에서 가장 청정한 시간이었다. 마치 하나님의 전통(quiver)에 감춰진, 숨겨진 시간처럼.

> 내 입을 날카로운 칼같이 만드시고
>
> 나를 그 손 그늘에 숨기시며
>
> 나로 마광한 살을 만드사 그 전통에 감추시고 사 49:2 개역한글

chapter two

청춘의 로드맵

◆ ◆ ◆ ◆ ◆ ◆ ◆

전심을 넘어선 특심

'저를 위해 시대를 준비시켜주세요!'

운명 같은 예배로의 부르심 이후, 이를 위해 계속해서 기도했다. 그런데 호주 '힐송 교회'(Hillsong church)의 예배 사역이 세계적으로 급부상하면서 여성 찬양 인도자 달린 첵(Darlene Zschech, 힐송 교회 찬양 인도자)이 혜성처럼 등장했다.

큰 파급과 영향력을 가진 여성 리더가 등장하자, 여성 사역자가 전무했던 한국 교회에 여성 리더를 향한 인식이 한순간에 전환되는 것을 느낄 수 있었다. 나는 생각했다.

'하나님이 길을 여셨구나.'

물론 그녀가 나를 위해 나타난 건 아니었지만, 시대의 다양한 변화를 재료로 하나님의 사람들을 준비시키시는 그분의 섭리가 보였다.

이 모든 것이 내 오랜 기도의 응답이라고 여겼다. 당시 꿈꾸는 것밖엔 아무것도 자신을 증명할 수 없던 내가 시대적 변화를 읽고 해석하는 모습에 사람들은 놀랐다. 어쩌면 비웃었을지도 모른다.

힐송의 음악과 사역이 다양한 파급을 일으키며 자연스럽게 국내에도 예배 인도자의 개념이 정립되고 익숙해지기 시작했다. 때마침 나는 동생과 국내 예배 인도자 그룹과 함께 호주의 힐송 컨퍼런스(전 세계 예배자들이 힐송 교회에 모여 복음과 예배, 교회와 찬양에 관해 나누는 세미나 및 집회)에 참가했다.

이 예배를 위해 몇만 명의 예배자들이 세계 각지에서 모여 대형 스타디움을 가득 채운 모습은 그야말로 감동이었다. 피부색과 언어와 인종이 다르지만 예배적 갈망을 품고 한자리에 모여 하나님을 뜨겁게 예배하는 현장을 보며 흥분을 감출 수 없었다. 그러면서도 묘한 마음이 들었다.

내가 오랫동안 꿈꾸고 준비한 선물을 다른 누군가가 먼저 아버지에게 드린 것 같았다. 이는 사역의 화려함과 실현 능력, 눈에 보이는 성과나 결과물에 의한 사역적 부러움과는 거리가 멀었다. 당연히 아버지가 그 선물을 받아안고 기뻐하실 테니 나도 행복했지만, 그 선물을 내가 드리지 못했다는 아쉬움이 공존했다. 나는 나만이 드릴 수 있는 특별한 목마름을 드리고 싶었다. 이것은 나의 예배적 자존감이었다.

컨퍼런스를 마치고 함께 간 사역팀과 나눔의 시간을 가졌다. 그때 내가 말했다.

"이들이 전심으로 예배했다면 전 특심으로 예배하길 원합니다."

나는 여전히 목말랐다. 아버지를 위해 더 특별한 예배를 드리고 싶었다. 그날의 예배적 부흥이 '전심의 예배'라면 나는 전심을 넘어선 '특심'으로 예배하리라 다짐했다. 이 예배를 넘어서는 예배가 내가 선 땅에서 드려지길 원했다.

호주 힐송 컨퍼런스에 다녀와 다시 골방에 들어간 내게 하나님께서는 말씀을 하나 주셨다. 대학교 마지막 졸업 학기여서 대학원 진학을 결정해야 하는 시점이었다.

볼지어다 내가 네 앞에 열린 문을 두었으되
능히 닫을 사람이 없으리라 계 3:8

말씀을 붙들고 주님께 여쭈었다.

'제 앞에 열린 문이 있다면… 이제 꿈꾸던 사역의 문이 열리는 겁니까?'

사실 6개월 정도 기도해온 내용이었다. 그런데 호주에서 특심의 결단을 하고 돌아온 직후에 하나님이 골방에서 응답해주셨다.

'내가 네게 열고자 하는 문은 하늘의 문이다.'

하늘의 문이 열릴 때 인생의 문들도 반응한다. 아니나 다를까,

얼마 뒤 생각지도 못한 사역 제안이 하나둘 들어왔다. 다양한 예배 사역자들과 함께할 기회였지만, 이상하게도 내 마음이 열리질 않았다. 수많은 기회가 스쳐 지나갔지만, 아깝기보다 오히려 그것을 떠나보내야 하는 이유를 깨달았다. 현실적으로 빛나고 좋아 보이는 기회 앞에서 내 진짜 갈망을 점검할 수 있었다. 거절의 이유를 찾다 보면 더욱 선명해지는 나만의 부르심을 발견했다.

'과연 나의 부르심은 무엇인가? 하나님이 무엇을 내게 원하시는가? 나만의 것이 무엇인가?'

스스로 질문하고 답을 내리다 보면, 아무리 좋은 기회처럼 보여도 단호하게 거절하거나 아쉬움 없이 돌아설 수 있었다. 주변에선 내가 현실적으로 좋은 기회라 여겨지는 제안을 거절할 때마다 내 주제와 현실을 모른다며 한심하게 보았을지도 모른다. 하지만 "좋은 경험이 될 거야"라는 사람들의 말이 내겐 공허하게 들렸다. 정확한 방향으로만 걷고, 확실한 응답만 취해야 했다. 다른 건 몰라도 방향성만큼은 타협할 수 없었다.

어쩌면 현실적 기회를 하나둘 떠나보내면서 멀고 먼 꿈에 한 걸음 다가갔는지도 모른다. 영적 걸음이란 때로 다가가는 듯해도 멀어지고, 물러서는 듯해도 가까워지기 때문이다. 정말 모를 일이다.

'내 삶에서 하나님이 여시는 문은 과연 무엇일까?'

나는 그분의 응답을 기다리며 다가오는 상황을 섬세히 관찰했다. 그즈음 우연히 온누리교회 인터넷 방송에서 〈월요 큐티〉라는 예배를 시청하는데 하나님의 음성이 마음속에 들렸다.

'내가 너를 여기에 세울 거야.'

당시 다른 교회를 섬기고 있었기에 좀 의아했다. 그런데 얼마 후 힐송 컨퍼런스에 함께 다녀온 사역자로부터 〈월요 큐티〉 예배에 초청한다는 연락이 왔다. 정말 놀라웠다. 이후 나는 온누리교회 성도가 아니었지만, 처음에는 〈월요 큐티〉 예배에 싱어로 세워졌다가 이어서 새벽 예배 싱어로 섬기게 되었다.

그렇게 온누리교회와의 인연이 시작되어 박종렬 목사님을 만났다. 돌이켜보면 하나님은 사역의 길을 열어가실 때 탁월한 리더를 만나게 하셨다. 그리고 그들에게 '발견'되는 은혜를 허락하셨다. 이것은 '은혜의 눈'을 통해 가능한 것이었다.

새로운 차원의 부르심

어느 날 박 목사님이 연락을 주셔서, 꽘 아웃리치의 예배 인도자로 설 것을 제안하셨다. 사실 나는 수없이 로테이션 되는 대형 교회의 찬양팀 중에서도 일개 싱어에 불과했다. 지금 돌이켜봐도 이 제안은 매우 획기적인 일이었다.

나는 아웃리치 사역을 감당한 후 온누리교회에 새로 생긴 대학부 '샘'(sam) 공동체의 예배 인도를 맡게 되었다. 예배 인도자로서 공동체를 섬기는 건 처음이었다.

〈월요 큐티〉는 평일 집회라 내가 성장한 모 교회를 다니면서도 섬길 수 있었다. 하지만 이제는 나의 근거지를 떠나 사역의 분명한 목적과 부르심을 따라 낯선 환경에 나를 던질 시기가 찾아온 듯했다. 오랫동안 꿈꾸며 준비한 사역이었고, 하나님의 확실한 부르심과 응답이 있었지만 낯설고 예측할 수 없는 길에 발을 내딛는 일은 몹시 긴장됐다. 이 발돋움은 내게 큰 도전이었다.

사실 교회 사역에는 엄연한 원칙과 질서기 있어서 온누리 출신도 아닌 내가 갑자스럽게 공동체의 리더로 세워지는 건 불가능했다. 하지만 새로운 공동체가 개척되면서 이 일이 매우 자연스럽게 이뤄졌다.

게다가 샘 공동체가 짧은 기간 동안 지속되다가 '요한' 공동체와 연합하여 '허브'(hub) 공동체가 되었다. 요한은 샘보다 훨씬 큰 공동체였고, 이미 공동체 출신의 예배 인도자가 있었다. 하지만 두 공동체가 통합되면서 각 공동체의 규모와 상관없이 두 예배 인도자가 번갈아가며 예배 인도를 맡게 됐다.

온누리교회에서 성장한 것도 아니고 예배 인도자로서 경력이 보장되지도 않은 내가 대형교회의 꽤 큰 공동체의 예배 인도자로 돌연 세워진 것이다. 만일 내가 샘이라는 개척 공동체를 초기 멤버로 섬기지 않았다면, 허브 공동체의 예배 인도를 맡을 수 없었을 것이다.

하나님의 인도하심에는 일정한 개연성과 필연적인 단계가 있다. 우리는 어떤 일이든 획기적이고 파격적인 기적을 경험하고픈 믿음의 성향이 있지만, 하나님은 기적보다는 자연스러운 과정을 지나게 하신다. 획기적인 기적보다도 이 자연스런 경험이 오히려 우리에게 유익이 되기 때문이다.

홀로 골방에서 예배하던 내가 사람들 앞에 서기까지, 여러 과정을 단계적으로 거치며 필요한 기능을 습득하고 사회성도 길러야 했다. 그리고 경험도 축적되어야 했다. 모든 과정은 하나님의 섬세한 섭리와 인도하심 속에 있었고, 이때 인생의 다양한 힘은 합력하여 결국 나를 앞으로 나아가게 했다.

어느 주일이었다. 허브 공동체에서 예배 인도를 하고 있었는데, 회중석에서 박종렬 목사님이 부서 담당 목사님과 이야기를 나누시는 게 보였다. 직감적으로 두 분이 내 이야기를 하신다는 느낌을 받았다. 나는 예배에 집중하기 위해 눈을 감았다. 그때 하나님께서 내 마음에 선명하게 말씀하셨다.

'내가 너를 다른 차원으로 부를 거란다.'

순간, 지난 시간이 스쳐 지나갔다. 너무도 짧은 시간에 나는 새벽 예배 싱어에서 개척 공동체의 인도자로, 또 중형 대학 공동체의 인도자로 세워졌다. 하지만 이때 하나님께선 이 부르심이 단지 사역의 확장이 아닌 다른 차원의 부르심이라는 말씀을 주셨다.

아니나 다를까, 예배를 마치고 박 목사님이 나를 온누리교회 전도사로 콜링하셨다. 이 인사 발령은 꽤 획기적이었다. 나는 이력서 한 장 쓰지 않고, 인사 위원회의 서류 심사나 인터뷰도 없이 바로 파트 교역자가 됐다. 그렇게 2007년에 나는 '엠투'(m2)라는 공동체의 교역자로 부임했다.

온누리교회에서 교역자로 섬긴 16년 동안 하나님께서는 나를 때와 필요에 맞게 새로운 사역지로 부르셨다. 그때마다 하나님의 사람들을 통해 훈련하셨고, 내 숨겨진 비전을 그들의 지도력 안에서 이끌어내셨다. 어떤 경험이나 이력으로도 증명할 필요 없이 내 마음에 불붙어 있던 심지만 보고 교역자로 세워주신 박종렬 목사님과의 인연도 하나님의 놀라운 섭리였다.

그리고 또 하나의 특별한 인연이 이 부르심 속에 예비되어 있었다. 바로 나의 영적 거인, 고 하용조 목사님과의 만남이었다.

영적 거인과의 만남

2009년, 전임 사역을 처음 시작했다. 생각보다 강도 높은 사역이었다. 체력적 한계에 부딪혔고 감정적으로도 침체되었다.

'과연 내가 이것을 감당할 수 있을까?'

매일의 사역이 도전이었다. 극심한 스트레스로 원형 탈모가 생기기도 했다. 하나님께 풍요로운 예배를 드리고 싶었지만, 빠듯한 사역 일정과 폭압적인 요구사항이 내 감정을 메마르게 했다.

언젠가 동생의 친구에게서 이런 이야길 들었다. 그 친구는 여행을 너무 좋아해서 여행 관련한 일을 업으로 삼고자 진지하게 고민했다고 한다. 그러다 문득 인생에서 그토록 사랑하는 일이 업이 되면 여행으로부터 더 이상 풍성한 영감을 얻을 수 없고, 여행에 임하는 시선이 업무적으로 변하는 게 서글퍼서 그 마음을 접었다고 했다.

깊이 공감했다. 나는 예배하는 일이 업이 되었을 때 내 가슴이 하나님을 향해 더 이상 뛰지 않게 될까 봐 두려웠다. 내 영혼은 극도로 예민했다. 내 사랑이 더는 현재진행형이 아닐까 봐.

그러나 마음의 불이 타오르기 위해서는 다시 예배해야 했다. 결국 예배로 돌파해야 했다. 나는 일과 매너리즘과 타성에 젖은 태도를 짓밟고 예배했다. 그리고 부르짖었다. 계속 울고 싶다고, 하나님을 향해서 언제나 울 수 있는 사람이고 싶다고.

여느 때와 다름없는 주일 사역 후, 공동체 목사님으로부터 연락이 왔다. 일본에 요양차 계시던 하용조 목사님으로부터 연락을 받았다고 했다. 당시 나는 막 전임 사역을 시작한 햇병아리 교역자였고, 온누리교회 대학 청년 공동체 중 '여호수아' 공동체에서 찬양 인도를 하고 있었다.

여섯 걸음

그런데 하 목사님이 주일 예배 모니터링을 하기 위해 CGNTV를 시청하시는 중에 내가 섬기는 예배를 보고는 피드백을 주셨다고 했다. 농담 섞인 말씀이었겠지만, 내가 찬양 인도를 시작하자 모니터 화면에서 바람이 나왔다고 하셨다. 또 화면에서 성령이 강물처럼 흘러나왔다고도 말씀하셨다.

하 목사님의 애정 어린 시선은 이후로도 계속됐다. 괄목할 만한 사역을 하던 때도 아니었고, 한 공동체의 찬양 인도자에 불과하던 전도사에게 쏟아주신 애정으로는 실로 과분했다.

그러더니 어느 날 갑자기 양재 온누리교회의 청년부 찬양팀에서 사역하던 나를 서빙고 성전의 본당에서 드리는 장년 예배의 찬양 인도자로 세우셨다. 그리고 미국 유학을 제안하셨다. 내가 몇 차례 같은 옷을 입고 예배 단에 올라가면 "새 옷 좀 사 입어라"라고 연락을 주셨다.

어느 새벽 예배에서는 돌연 강단에서 나를 소개하시면서 성도들에게 나의 기름부음을 위해 기도하라고 당부하셨다. 이처럼 어느 자리에서든 나를 주목하고 아껴주셨다.

하 목사님은 "내가 생각하는 A급 예배 인도자는 원유경 전도사", "원 전도사가 단에 서면 언제나 예배에 반전이 일어난다"라고 공공연히 말씀해주셨다.

이 사랑이 너무도 눈물겨웠다. 내 인생에 하나님으로부터 온 특별한 부르심을 확신하고 이 사명을 보석처럼 아끼는 것은 오직

나 자신뿐이었다. 그런데 이 부르심을 빛나는 것으로 눈여겨보고 아껴주시는 영적 거인을 만났으니 얼마나 감격스러웠겠는가!

세상이 주목하는 것이 내게 없고, 누구도 나를 환대하지 않고, 내 꿈과 비전이 지지받지 못하는 고독한 시간을 견뎌온 내게 하 목사님의 인정과 관심은 하나님의 마음을 확인시켜주기에 충분했다.

노래를 잘하거나 특별한 기술을 갖추고 싶은 의욕도, 능숙한 사회성으로 남다른 영향력이나 인기를 얻으려는 욕심도 없이, 그저 하나님을 향한 순전한 마음만큼은 전심을 넘어선 특심이고 싶었던 내게 목사님이 이렇게 말씀하시는 것 같았다.

"하나님이 찾으시는 게 바로 그거다! 네 치열한 중심을 하나님이 보시고 나도 보고 있다."

특별 새벽 예배 기간이었다. 찬양 인도를 마치고 단에서 내려왔는데 예배 본부장 목사님이 나를 부르셨다. 하 목사님의 비서실로 얼른 오라는 명이었다. 순간 아찔했다.

'내가 뭘⋯ 잘못했지?'

그날 나는 하 목사님을 독대했다. 집무실에 들어서자 목사님이 힘없이 소파에 누워계셨다. 애써 몸을 일으키시고는 한참 동안 나를 뚫어지게 쳐다보며 지긋이 웃으셨다.

나는 몸 둘 바를 몰라 어정쩡하게 서있었다. 목사님은 "이리와 앉아라"라고 하시더니 믹스커피를 한 모금 하시고는 작고 힘없는 목소리로 말씀을 이어가셨다. 많은 말을 할 수 없을 만큼 몹시 쇠약해 보이셨다.

지금 떠올려보면, 그 순간이 정지 화면처럼 느껴진다. 그때 목사님을 독대했던 시간만큼은 시간이 아주 느리게 흘렀던 것 같다. 밀도 있는 기류가 시공간을 꽉 채운 느낌으로.

목사님은 온화한 미소로 나를 한참 바라보시더니 내게 영감과 기름부음이 있다고 말씀하셨다. 부모님과 동생에 대해서도 몇 가지 물으시더니 축복 기도를 해주셨다.

"기름부음을 풍성하게 하셔서 시대적인 하나님의 사람으로 쓰임 받게 하시고 다음세대를 위해 이 사람을 축복해주십시오."

그리고 마지막 말씀을 하셨다.

"청년 세대를 잘 부탁한다. 기대가 된다. 곧 다시 만나서 우리 자세한 이야기를 나누자."

그러나 곧 다시 만나자 하시던 그 말씀은 지켜질 수 없었다. 이것이 목사님과의 마지막 대화였다. 목사님은 갑작스럽게 하늘의 부름을 받으셨다. 나는 이날 내게 하신 목사님의 마지막 말씀을 떠올리면 어김없이 목이 멘다.

한동안 나는 목사님을 그리며 혼자서 자주 울었다. 훗날 청년 세대의 부흥을 경험하면서 '이걸 목사님이 직접 보셨다면 얼마나 기뻐하셨을까' 하는 생각에 또 울었다. 안타까운 마음이 사무칠 때면, 나는 목사님의 마지막 말을 되새긴다.

"청년 세대를 잘 부탁한다. 기대가 된다."

이것은 내게 유언과 같았다. 아무것도 보지 못하셨지만, 내게 기대를 남기고 떠나신 그 분의 뜻을 저버리고 싶지 않았다. 나는 그때부터 하 목사님의 유지를 받들고자 했다. 하 목사님의 '십만 대청(대학 청년)'의 꿈은 멈추지 않았다. 내 심장에 남아 계속되었다. 남겨진 사람으로 인해. 목사님에게 바통을 이어받은 다음세대로 인해. 아직 뛰고 있는 이 심장으로 인해.

내 청춘의 키워드

나는 본래 설교자로서의 비전은 없었다. 내 꿈은 이 시대에 구별된 예배 사역자로 사는 거였다. 이 꿈을 위해 기도하고 준비하는 중에 여러 대언 사역자에게 기도를 받았다. 그런데 하나같이 하나님께서 나를 오대양 육대주에서 복음을 전하게 하신다고 했다.

나는 의아했다. 그때만 해도 예배 인도 외에 말씀 사역자로서의 정체성을 가져보거나 꿈꿔본 적이 없었기 때문이다. 그런데 2005년 어느 날, 말씀을 묵상하는 중에 운명 같은 약속의 말씀이 또다시 내 인생을 두드렸다.

그러므로 만군의 하나님 여호와께서

이와 같이 말씀하시니라

너희가 이 말을 하였은즉 볼지어다

내가 네 입에 있는 나의 말을 불이 되게 하고

이 백성을 나무가 되게 하여 불사르리라 렘 5:14

이 말씀을 통해 미처 꿈꾸지 못했던 부르심이 열리기 시작했다. 삶의 지평이 새롭게 펼쳐지는 듯했다. 하나님께서는 이 말씀과 함께 강력한 내적 음성을 주셨다.

'내가 너를 이 시대의 설교자로 세울 것이다.'

인생의 어느 시점에 내 위치를 예배 사역자에서 설교자로 옮기실 거라는 말씀 같았다. 아직 제대로 된 사역을 시작하기도 전인데, 하나님께서는 이 약속대로 나를 말씀 사역자로 다시 부르시며 비전과 약속을 부어주셨다.

사실 나는 장차 선교회를 만들어 예배 순회 사역을 하고 싶었다. 하지만 하나님께서는 나의 궁극적인 부르심이 교회로 향한다고 말씀하셨다. 이 시대를 향한 하나님의 대안이 교회 위에 있으며, 그분은 교회를 통해 일하시고, 선교 단체는 교회를 돕기 위해 존재한다고 하셨다.

나는 하나님 앞에서 재차 부르심을 확인했다. 내 미래를 향한 그분의 구체적인 계획을 물으며 집중적으로 기도했다. 중보자들에게도 이 기도 제목을 끈질기게 요구했고, 기도로 멘토링을 받을 때면 집요하게 묻고 또 물었다.

나는 매사에 개인적으로 받은 기도 응답과 중보자들의 기도 응답이 일치하는지 묻고 확인하는 과정을 거쳐왔다. 이 과정은 집요하고 끈질긴 확인이 필요했다. 일치든 불일치든 명확한 확인이 있기까지 묻고 또 물었다.

한번은 중보자와 함께 기도하는 중에 내 진로에 대한 하나님의 뜻을 물어달라고 자꾸 요청했더니, 같이 기도하던 동생이 내 허벅지를 꼬집었다. 제발 그만 좀 하라는 사인이었다.

중보기도를 해주시던 목사님은 이렇게 대언하셨다.

"유경아, 이제 내게 나아와 미래를 보여달라고 그만 조르렴."

목사님도 본인의 입에서 나온 말에 사뭇 당황하는 눈치였고, 나와 동생은 웃음이 터지는 걸 참을 수 없었다. 그렇게 거듭 확인하는 과정을 거치며, 나는 하나님께서 나를 목회자로 세우길 원하시는 교회로의 부르심을 받아들였다.

나의 이십 대는 내 인생을 향한 하나님의 계획을 확실히 알고자 하는 갈망과 몸부림으로 채워진 시간이었다.

청년들에게 도전하고 싶은 것이 바로 이것이다. 청년의 시기는 그 어느 때보다도 하나님 앞에 엎드려 자신의 인생을 향한 그분의 계획과 인도하심을 여쭈어야 한다. 전능하신 분께 엎드려 있다 보면 인생을 배운다. 그분의 보좌 위에서 우리 삶을 내려다볼 수 있다. 이 엎드림으로 인생의 내력(耐力)을 키우고 약속에 대한 응답과 확신으로 내공을 쌓는다.

나는 청년들이 미래를 대비해 수많은 자기 계발 프로그램을 듣고 다양한 적금과 보험은 가입하면서, 정작 하나님께 미래를 묻고 인도하심을 구하는 기도에는 무관심한 게 이해되지 않는다. 이는 자신의 미래가 누구에게 달려있는지에 대한 진정한 깨달음이 없기 때문이다. 인생의 주관자이신 하나님께 아무것도 묻지 않고, 만물의 주관자와 공급자이신 그분께 아무것도 구하지 않는 청춘, 이런 청춘은 진정 어리석다.

어느 날, 수많은 인재를 배출한 바이올린 명강사에게 음악 영재가 되기 위해 가장 필요한 게 무엇이냐고 물었다가 의외의 답을 들었다. 그것은 '적기 교육'이었다.

천부적인 재능이나 끈질긴 노력 등의 이상적인 답이 나올 줄 알았는데, 적기 교육이야말로 영재에게 필요한 재능과 노력을 현실적으로 앞지를 수 있는 열쇠라는 게 놀라웠다. 그뿐 아니라 아무리 탁월한 재능이 있고 노력을 쏟아도 적절한 시기의 교육을 놓치면 결코 이르기 힘든 단계가 있다는 걸 깨달았다.

그렇다면 '영혼의 적기 교육'은 언제 해야 할까? 늦어도 청년의 때에 완성돼야 한다. 이때 인생에서 가장 중요한 '영적 태도'를 배워야 한다. 그런데 이는 딱 한 가지 본질만 인식하면 자동으로 갖춰진다.

"모든 것이 하나님께 달려있다는 믿음."

바로 이것이 믿음의 영점 조준이다. 단순하다. 그런데 이 단순한 진리를 삶에 적용하는 청년은 드물다. 이 믿음만 있으면 하나님께 '올인'(All In)할 수 있다. 우리가 하나님께 전부를 걸면 하나님은 우리의 전부가 되어주신다.

하나님이 우리의 전부가 되어주신다는 고백은 추상적이거나 감상적인 믿음이 아니다. 이 말이 실제 삶이 된 사람은 그 뜻이 피부에 와닿듯이 구체적으로 느껴질 것이다.

청년의 때에 우리는 이 믿음 위에서 인생의 '원 씽'(one thing)을 결정해야 한다. 인생을 통틀어 추구해야 할 '한 가지 가치 결정' 말이다. 이를 정하지 못한 채 청년의 시기를 보내면 방황을 겪을 수밖에 없다. 시대의 급류에 휩쓸려 잘못된 방향으로 질주하거나 세상 풍조를 따라 이리저리 휘청이게 된다.

실로 엄청난 에너지를 뿜어내는 태양열도 하나의 초점으로 모이지 않으면 아무것도 태울 수 없다. 마찬가지로 청년의 때에 한 가지 초점, 곧 가치 기준을 정하지 않은 채 세상적인 성공 기준을 학습하고 맹목적으로 달려간다면, 하나님 앞에서 거룩한 삶의 질서와 영적 태도를 배울 골든 타임을 놓치게 된다.

이것이야말로 청춘의 낭비다. 이렇게 청춘을 허비하고 나면 중년의 허무가 기다리고 있다. 생각보다 인생이 짧다. 인생을 하나의 실로 꿰지 않으면 시간은 바닥에 뿌려진 구슬처럼 모두 흩어져 버린다.

나는 내 청춘을 오직 하나로 꿰었다. '부르심'의 실로 꿰었다. 아무리 생각해봐도 이보다 잘한 일, 그 이상의 인생 준비는 없다.

무슬림의 땅에서

2012년 여름, 이스라엘 아웃리치 중 갑작스럽게 FA(Frontier Agency) 전방 개척 선교사로 부름을 받았다.

함께 공동체를 섬기던 이두경 전도사님과 단기 선교 지원자 7명과 1개월 정도 국내에서 합숙 생활을 하며 선교 훈련을 받은 뒤 중국 신장 자치구의 위구르족이 있는 우루무치에 파송을 받았다. 목회자는 3개월간 선교 훈련생과 현지 생활을 하면서 현지인들과 접촉하고 전방 개척의 교두보를 만드는 역할을 해야 했다.

나는 그토록 그리워하던 중국 원저우의 예배자들을 다시 만날 생각에 기대와 설렘을 가득 안고 있었다. 당시 나는 몇 년간 원저우에서 예배 컨퍼런스 사역을 해왔었다. 이 사역은 하나님을 향한 매우 원초적이고 근원적인 갈망을 소유한 예배자들을 만날 수 있는 단비 같은 기회였다. 그런데 함께 예배 사역을 준비하던 팀원들이 모두 원저우로 떠나는 날, 나는 경기도의 한 선교 센터에서 7명의 낯선 팀원과 합숙을 시작해야 했다. 낯선 환경과 새로운 사역에 대한 두려움이 가득했던 내게 하나님은 말씀하셨다.

'난 네가 있는 그곳을 베스트로 만들길 원한다.'

막상 하나님의 기대가 부어지니 전심전력하지 않을 수 없었다. 파송을 받아 떠나기 전, 팀원들에게 선교 사역의 목표를 선포했다. 현지에서 단 한 명의 무슬림 회심자, 세례자라도 나오는 것.

그런데 현지 선교사님에게 사역의 목표를 나누니 무슬림 선교는 10년을 해도 1명 회심시키기가 어렵고, 그 회심자가 세례를 받는 건 더더욱 희귀한 일이라고 했다. 그러니 그저 선교지에서 좋은 경험을 하고 돌아가라는 거였다.

무슬림의 개종은 한 사람의 세계관과 모든 인적 근거지와 자기 정체성과 역사 전체를 송두리째 바꿔야 하는 일이다. 그러니 회심과 개종은 선교사들의 장기적인 목표로서 지속적인 열심을 통해서나 꿈꿔볼 일이었다. 그러나 나는 내게 주신 약속의 말씀을 붙잡았다.

> 단에서부터 브엘세바까지의 온 이스라엘이
> 사무엘은 여호와의 선지자로
> 세우심을 입은 줄 알았더라 삼상 3:20

그리고 주의 종이 기도 가운데 선포한 이 말을 하나도 땅에 떨어뜨리지 마시고 이뤄달라고 간구했다. 신장대학 어학원에서 중국어 공부를 하면서 매일 함께 예배하고 기도 모임과 선교 강의를 하며 3개월을 보냈다.

이곳에서 예배할 때 하나님께서 〈높고 영화로우신 주〉라는 찬양을 주셨다. 어둠이 켜켜이 쌓인 이 땅에서도 하나님은 찬양받기 합당하시며, 바로 이곳에 그분의 영광의 임재가 임하는 지성소가 세워지길 바라는 마음으로 만든 곡이었다.

아직 중국어가 서툴렀지만, 현지인 친구들을 사귀어 집으로 초대해서 한국 음식을 해주면서 복음을 전할 기회를 노렸다. 그러나 무슬림에게 복음을 전하는 것은 기회조차 찾기 힘들었다. 점점 한국으로 돌아가야 할 시간이 가까워졌고, 나는 하나님께서 주신 '1명의 무슬림 회심자, 1명의 세례자'라는 비전을 어떻게 이룰지 기도하며 고심했다.

그때 '값비싼 소명'이라는 제목의 무슬림 개종 간증서를 읽었다. 이 책을 읽고 나는 가슴이 뜨거워졌고 전도 방식에 대한 영감을 얻었다. 많은 무슬림 개종자가 회심하는 결정적 사건이 있기 전, 꿈에서 예수님을 만나는 초자연적인 경험을 하는 다수의 사례가 있었는데, 이는 모두 전략적 중보기도의 열매라는 사실을 알게 되었다.

나는 그동안 우리 팀과 접촉했던 현지인들의 사진과 정보를 붙여놓고, 매일 팀원들과 밤낮으로 기도했다. 그리고 그들의 삶이 예수 그리스도의 보혈 아래 있음을 선포하며 라합의 붉은 줄을 상징하는 붉은 리본을 그 위에 달아놓았다.

한국으로 돌아가기 3일 전, 우리는 기도 목록에 있는 한 현지인을 집으로 초청해서 한국 음식을 대접하기로 했다. 신장대학에서 한국어를 전공하는 '미나'라는 무슬림 자매였다. 한국 음식으로 저녁 식사를 하고 거실에 팀원들과 앉아있는데 성령께서 그녀에게 복음을 전하라는 마음을 주셨다. 당시 미나와 팀원들은 K팝과 한국 드라마 이야기를 열띠게 나누고 있었다.

'이 분위기에서 갑자기 복음을 전한다고?'

나는 성령님의 강한 요구가 무척 당황스러웠다. 하지만 이 감동을 모른 척할 수 없어 팀원들에게 눈짓으로 사인을 주었다. '복음을 전할 때가 왔다'라는 의미였는데 팀원들은 어리둥절하며 내 의도를 파악하지 못하는 듯했다. 나는 기타를 가져와서 미나에게 말을 건넸다.

"미나야, 네게 들려주고 싶은 노래가 있어. 그리고 소개하고 싶은 분이 있는데 한번 들어볼래?"

그리고 찬양을 부르기 시작했다.

"나를 지으신 주님 내 안에 계셔 처음부터 내 삶은 주의 손에 있었죠~"

내 눈에서 참고 참았던 눈물이 주체할 수 없을 정도로 쏟아졌다. 그런데 놀랍게도 무슬림 자매 미나 역시 눈물 콧물을 쏟으며 내 찬양을 들었다. 그녀는 이유 모를 눈물이 쏟아지며 원인 모를 평안함이 자신을 덮었다고 말했다.

나는 기타를 내려놓았다. 그리고 어둡고 두려움 많았던 내 삶에 빛으로 찾아오신 예수님을 소개하며 사영리로 복음을 전했다. 끝으로 그녀에게 물었다.

"예수님을 네 인생의 구주로 영접하지 않겠니?"

미나는 "뙤"라고 대답했다(그러겠다는 의미였다). 그녀는 10년 이상 죽음의 공포와 우울증에 시달리며 하루도 수면제 없이는 잠을 잘 수 없었다고 털어놓았다. 사랑했던 사람들의 갑작스런 죽음을 여러 번 경험하며 죽음에 대한 두려움이 그 삶을 완전히 억누르고 있었다.

그런데 그녀가 예수님을 구주로 영접하겠다며 "뙤"라고 말하는 순간, 말할 수 없는 기쁨과 자유가 찾아왔노라고 눈물로 고백했다. 나는 하나님께서 행하신 경이로운 일 앞에 말로 다 형용할 수 없는 영적 환희를 느끼며 쉽게 말을 이어갈 수 없었다.

다음날 미나가 잔뜩 상기된 목소리로 전화를 걸어왔다. 10년 만에 처음으로 수면제 없이 한 번도 깨지 않고 깊은 잠을 잤다며 기뻐했다. 나는 조심스럽게 이야기를 꺼냈다.

"나는 이틀 후면 한국으로 돌아가야 하는데, 혹시 네가 예수님을 네 인생의 구주로 맞이하는 세례를 받길 원한다면 내가 세례를 주고 싶어."

놀랍게도 미나는 세례를 받겠다고 말했다. 그런데 순간 내 마음에 두려움이 몰려왔다. 이렇게 큰 하나님의 영광과 구원의 역사가 나타나는 일에 영적 공격과 훼방이 있을지 모른다는 두려움이었다. 미나의 개종에 대해 가족들의 반대가 있거나 여러 가지 부담과 압력으로 그녀의 마음이 바뀌지 않도록 우리 팀은 그녀를 보호하며 기도하기 시작했다.

그런데 뜻하지 않게 공격은 내 육체에 찾아왔다. 세례식 당일인 한국으로 돌아가기 전날, 아침에 일어나는데 갑작스러운 심장 쇼크가 왔다. 발작성 빈맥이었다. 맥박이 주체할 수 없이 뛰어 몸을 가누지 못하는 상태가 되었다. 약하고 빠르게 뛰는 심장은 금방이라도 멈춰버릴 것만 같았다.

한국에 있는 가족과 통화를 하며 기도 부탁을 하는데 의사인 제부가 당장 병원에 가는 게 좋겠다고 했다. 당시 나는 혼자 집에 있었고, 다른 팀원들과 전도사님은 세례식 준비에 한창이라 다른 숙소에 모여있었다.

'이대로 사랑하는 사람들의 얼굴을 다시 보지 못하는 건 아닌가?'

죽음에 대한 두려움이 이토록 실감나게 다가올 줄이야. 거실 소파에 누워있는데 아무것도 할 수 없었다. 쉽게 진정되지 않는 발작성 빈맥으로 온몸은 탈진 상태가 됐다. 코앞에 와있는 듯한 생생한 죽음을 어떻게 몰아낼지, 이 두려움을 어떻게 이겨낼지 몰랐다. 나는 애써 깊고 긴 호흡만 반복할 뿐이었다.

지금 병원에 간다면 세례식은 취소해야 했다. 일정의 변화에 따라 미나의 마음에도 변화가 생길지 모를 일이었다. 나는 몸을 누인 채로 창밖을 바라보며 하나님께 이런 고백을 드렸다.

'주님, 병원 침대에서도 사람이 죽는데 생명의 주관자이신 하나님 뜻에 맡기고 이 사명을 감당하겠습니다.'

모든 것이 결국 하나님께 달려있다는 믿음은 나 이상의 나를 일으켰다. 하나님께 전부를 건 후에는 나의 최선을 다하면 되었다. 나는 병원이 아니라 세례식에 가기로 결정하고 집을 나섰다. 평소 10분이면 가던 길을 1시간 넘게 걸었다. 빠른 맥박으로 숨이 차올라 몇 걸음을 걷고 나면 더 이상 걸을 수 없을 만큼 힘들었다. 나는 기다시피 숙소에 들어갔다.

그렇게 중국의 낯선 도시 우루무치에서 목사 안수를 받고 처음 베푸는 세례식을 치렀다. 나의 첫 세례자가 회심한 무슬림이라니! 하나님의 특별한 은혜였고 큰 영광이었다.

축제와 같은 시간을 보내고 나는 다음날 미나의 눈물의 배웅을 받으며 비행기에 몸을 실었다. 그때까지도 맥박이 쉽게 가라앉지 않아 비행을 견딜 수 있을지 불안했다. 그런데 그 비행기 안에서 하나님은 시편 말씀으로 내게 말씀하셨다.

내가 산 자들의 땅에서

여호와의 선하심을 보게 될 줄

확실히 믿었도다 시 27:13

나는 이 말씀을 약으로 먹고 또 먹었다. 알약을 입으로 삼키고 그 효력을 믿고 의지하듯이 나는 말씀을 삼키고 또 삼켰다. 그리고 그 효과를 유심히 살폈다. 그렇게 도착한 베이징에서 맥박은 조금씩 안정을 찾기 시작했다. 내가 한국에 돌아와서 받은 미나의 첫 메일에는 이 말씀이 기록되어 있었다.

영접하는 자 곧 그 이름을 믿는 자들에게는

하나님의 자녀가 되는 권세를 주셨으니

이는 혈통으로나 육정으로나 사람의 뜻으로 나지 아니하고

오직 하나님께로부터 난 자들이니라 요 1:12,13

예배자의 특권

새로운 부르심을 따라 사명의 새로운 챕터가 열리길 기다렸다. 그런데 우루무치에서 돌아오기 1주일 전, 나는 '하늘' 대학부 담당자로 발령을 받았다. 예배 인도자에서 설교자로 사역의 전환이 이뤄지는 순간이었다. 예배 인도자가 아닌 공동체 담당 목사 혹은 설교자의 정체성으로 사명을 감당해야 한다고 생각하니

묘한 감정이 몰려왔다. 눈물이 주체할 수 없이 흘렀다.

당시 예배 인도자를 설교자로 세우는 일이 없었고, 더욱이 여성 사역자를 공동체 담당자로 세운 선례가 없었기에 발령 소식에 기뻐하지 않을 이유가 없었다. 감사하지 않을 이유도 없었다. 큰 은혜요 기회였다.

하지만 이 부르심으로 인해 내가 접어두어야 하는 나의 소중한 정체성에 대해 느끼는 마음을 주님이 모르실 리 없었다. 주체할 수 없이 울고 있는 내 반응을 의아해하며 같이 있던 이 전도사님이 내게 물었다.

"예배 인도하는 게 그렇게 좋아요?"

"네, 말씀은 하나님께서 주시는 거지만 예배는 우리가 하나님 앞에 드릴 수 있는 유일한 거니까요."

예배 안에서 하나님을 만나고 그분의 임재를 모시는 일은 내게 이런 의미였다. 예배 인도자로서 사역의 기회가 앞으로 얼마나 허락될지 모를 일이었다. 나는 이 영광스러운 부름이 혹여나 중단되는 것은 아닐까 생각하니 슬펐다. 아직 드릴 것이 많았다. 나는 여전히 목말랐고 더욱 목마르고 싶었다.

하나님께 우리의 지식과 능력과 자원을 한 자락 더한들 그분의 무한함에 무슨 의미가 있을까. 진정한 드림은 결국 사랑 안에 있다. 그리고 사랑은 예배 안에 있다. 예배 드림은 인생 최고의 영광이다.

하나님 앞에 사랑을 드릴 자 있는가? 이 특권을 누릴 자 있는가? 이 세대는 가장 앞서 이 특권부터 누려야 한다. 부디 이를 하찮게 여기는 자들이 없기를 바랄 뿐이다. 부디 이 특권을 포기하는 이들이 없길 바랄 뿐이다.

chapter three

실전에 맞선 믿음

◆ ◆ ◆ ◆ ◆ ◆

수정된 좌표

2012년, 나는 우루무치에서 돌아와 하늘 대학부 담당 교역자로 부임했다. 공동체는 1년 만에 약 250명에서 450명으로 부흥했다. 하지만 또다시 'SNS' 청년부로 부임 발령을 받았다. 막 하늘 대학부 안에 부흥의 가속도가 붙고 사역의 기초 공사를 마친 시점이었다. 힘써 터를 닦아 어떤 구조물이든 세울 수 있겠다고 생각한 때, 갑자기 새로운 터전으로 발을 떼야 했다.

내 계획과 전망이 무효가 되는 순간을 인생에서 얼마나 많이 마주하는지…. 하나님은 우리가 무언가 할 수 있다고 생각할 때 불현듯 멈춰 세게 하신다. 그리고 나로서는 정말 할 수 없을 것 같은 일을 맡기시곤 한다. 하지만 그 모든 것을 하나님의 선하심과 측량할 수 없는 지혜 안에서 해석하고 받아들이는 것이 믿음의 몫이다.

나는 막 가속화되던 성장세에서 한순간 하차한 후 SNS 청년부라는 낯선 터 위에 섰다. 그때의 막막함이란 이루 말할 수 없었다.

SNS 청년부는 출범한 지 반년이 채 안 된 공동체였음에도 이유 모를 영적 패배 의식이 짙게 깔려있었다. 76명의 공동체 예배자들의 영적 상태는 척박하고 어두웠다. 단지 인원이 적어서라기보다 그 안에 영적 생명의 불씨가 없는 듯했다.

소수의 사람이 모여도 비전이 확실할 때는 생명력과 태동의 기운이 느껴진다. 여기엔 반드시 추동력이 생긴다. 그러나 정확한 비전과 방향성이 없는 공동체는 규모와 상관없이 구심력을 갖기 힘들다. 그러면 원심력도 가질 수 없다. 처음 맞닥뜨린 SNS 공동체의 영적 상황이 이러했다.

보통 예기치 않은 변화나 불리한 조건들에 직면하면 실망하거나 의욕을 잃기 쉽다. 나 역시 하늘 대학부를 향한 기대와 계획이 무산되고, 갑작스런 변화를 마주하는 일이 기쁘지만은 않았다. 그런데 의기소침해진 내게 동생이 말했다.

"모두에게 불리한 조건이 언니에게는 유리한 조건이 될 수 있어. 아무도 변화를 꿈꾸지 않을 때 언니는 그걸 일으킬 사람이니까. 아무것도 없다는 건 언니가 무언가를 할 수 있는 기회라는 거야."

이 말이 마음을 파고들었다. 나는 고민하기 시작했다.

'직면한 현실에서 가능성이 보이지 않고 축복이라 여길 만한 것

을 발견할 수 없을 때, 내 믿음의 결단은 무엇인가?'

그리고 내 인생을 향한 하나님의 고유한 부르심을 다시 붙잡았다. 때마다 하나님께서 주시는 말씀의 조각들을 맞추다 보면 하나의 커다란 밑그림을 이루었다. 기도하는 가운데 하나님은 말씀을 주셨다. 내가 골방에서 홀로 예배할 때 받은 말씀이었다.

네게서 날 자들이 오래 황폐된 곳들을 다시 세울 것이며
너는 역대의 파괴된 기초를 쌓으리니
너를 일컬어 무너진 데를 보수하는 자라 할 것이며
길을 수축하여 거할 곳이 되게 하는 자라 하리라 사 58:12

그리고 우루무치로 떠날 때 주셨던 음성도 기억하게 하셨다.
'난 언제나 네가 있는 그곳을 베스트로 만들길 원한다.'
이따금 우리에게 다가오는 인생의 조건들은 황폐할 때가 많다. 파괴된 기초와 무너져버린 터전만 보인다. 어느 것에서도 희망을 기대할 수 없을 때, 하나님은 전혀 다른 가능성을 말씀하신다. 부르심 가운데 선 한 사람, 그 한 사람의 가능성.
기도 중에 하나님께서 나를 SNS 청년부로 보내신 이유를 말씀하셨다.
'네가 준비된 곳에 가기보다는 준비된 사람이 되길 원한다.'
한 인생을 통해 하나님의 일을 어떻게 이루시는지 가르쳐주셨

다. 그분은 최상의 '조건'을 허락하시는 게 아니라 '변화'를 약속하신다. 우리가 준비된 사람으로 서서 그분이 이루실 무한한 변화를 꿈꾸길 바라신다. 그리고 그 변화의 주역이 바로 우리 자신이길 원하신다.

또한 우리를 단지 가능성의 땅에 세우기보다 우리 자체가 그분의 가능성이길 원하신다. 척박하고 황폐하며 무너진 곳을 보수하여 기필코 길을 내고 그곳을 끝내 영적 거주지로 일궈내는 믿음의 사람, 믿음의 사람들은 모두 이 '가능성의 사람'이다.

하지만 이 영적 근성은 저절로 길러지지 않는다. 광야에 서봐야 목마름을 배우고, 거친 들 가운데서 야성이 생긴다. 말은 쉽지만 막상 부딪혀보면 깨닫는다. 그곳엔 결코 낭만이 없다는 것을. 처절한 몸부림만 있다는 것을. 결국 부딪혀봐야 목마름과 야성이 내 것이 되고, 그때 몸부림을 통해 변화가 일어난다.

급작스럽게 수정된 인생의 계획표를 받았을 때, 하나님의 마음을 파고들어야 좌표를 빠르게 재설정할 수 있다. 나는 나를 향한 그분의 완전한 뜻을 알고서 비로소 새로운 길로 다시 힘차게 달릴 수 있었다. 그 전진은 다름 아닌 기도의 출발선에서 시작됐다.

사역의 대원칙

SNS 청년부에 가장 먼저 '예배 중보 기도 모임'부터 세웠다. 매주 토요일, 장소가 없어서 주차장이나 교회 복도에 의자를 깔고 시작했다. 나와 영적 DNA를 공유한 예배자들이 하나둘 모여들었다.

기도의 헌신 없이는 예배가 세워질 수 없다. 기도는 영혼의 기초 공사이기에 기도의 터 위에서만 영혼의 집을 견고히 지을 수 있다. 기도 사역은 공동체의 심장이다. 심장이 뛰지 않으면 살아있다고 할 수 없듯이 공동체의 영적 생명력은 기도의 지속성에 달려있다. 나는 이 사역의 대원칙을 10년간 한 주도 거르지 않고 지켰다.

사역자라면 이 기도의 원칙과 신앙생활의 원리를 부정하진 않을 것이다. 단연 가장 중요한 것으로 여길 거다. 그러나 안타깝게도 이 절대 원칙에 단지 '동의하는 것'과 반드시 '지키는 것'은 전혀 다른 반응이다.

실제로 이 원칙을 인정하면서도 지키지 않는 목회자가 많다. 기도가 사역의 실체라고 하면서 사역자가 하나님 앞에 먼저 기도자로 구별되는 건 힘들어한다. 그러나 '동의하는 것'에서 실제 '살아내는 것'으로의 체질 개선을 하지 않으면 부흥이 사역자 개인의 성공 의식에 불과할 수 있음을 명심해야 한다.

기도만이 모든 사역의 엔진이다. 이 인식에서 모든 것이 출발한다. 목회가 단지 경영은 아니지 않는가. 사역이 그저 업무는 아니지 않는가. 본질은 결국 사역이 영적 노동이 되도록 해야 한다는 거다.

여섯 걸음

나에게 기도의 가장 실제적인 모델은 아버지셨다. 아버지는 신년이 되면 성도들의 기도 제목이 빼곡히 적힌 카드를 가지고 기도원에 올라가셨다. 아버지의 기도는 소의 노동을 닮아있었다. 꾀를 부리거나 요령을 피울 줄 아는 영리한 동물 말고, 주인의 손에 이끌려 아무 저항 없이 쉬지 않고 밭을 가는 우직한 소처럼 그저 영혼의 노동에 순응할 뿐이셨다.

아버지는 기도할 때 외에는 말수가 적으셨고, 자신의 사역과 영성에 화려한 수식어를 붙이지 않으셨다. 기도의 응답도 신비롭거나 요란하게 표현하지 않으셨다. 평생 아버지 입에서 "하나님이 내게 이렇게 말씀하셨는데"라는 식의 피력은 한 번도 없었던 것 같다.

"기도하던 중 하나님이 유경이 너에 대한 환상을 몇 차례 보여주셨다" 하시던 때에 비로소 아버지의 흥분을 조금 느껴보았을 뿐, 아버지는 그저 성실하고 끈질기게 기도만 하셨다. 교회와 성도들이 어려움을 당하거나 절기가 다가오면 어김없이 40일간 교회 강단에서 자리를 펴고 주무셨다(강단에서 주무시다 교회에 든 도둑을 잡기도 하셨다).

아버지는 이 노동을 삶의 일부로 받아들이셨다. 힘들고 피곤해도, 춥고 덥고 불편해도, 열악한 상황에서도, 응답이 더디고 기다림이 길어져도 인생에서 기도라는 상수(上手)는 변함없이 지키셨다. 기도를 통해 하나님 앞에서 상록수 같은 영혼의 푸르름을 사시사철 유지하셨다. 어느새 아버지의 삶의 방식은 사역자의 태도와 자질로서 내게 자연스러운 기본값으로 자리 잡았다.

나의 예배 영성에 결정적인 영향을 주었던 '경배와 찬양' 예배 또한 기도를 배운 중요한 장이었다. 경배와 찬양 목요모임은 예배당에 들어서자마자 하나님의 임재하심이 충만했다. 그분의 숨결이 느껴졌다. 예배의 영과 애통하는 심령과 눈물이 가득했다. 그 공기의 무게가 영혼을 감쌀 때, 언제든 하나님 앞에 울 수 있어서 행복했다. 주님이 계신 그곳을 난 너무나 사랑했다.

난 그것이 기도의 호흡, 기도의 기름부음 때문이라고 굳게 믿었다. 당대의 예배 부흥을 선도했던 경배와 찬양의 핵심적인 기름부음은 헌신자들의 사전 기도회에서 비롯된다고 생각했다.

이 인식은 내 사역의 대전제가 되어, 기도가 준비되지 않으면 불안했고, 기도가 쌓여있을 때는 여유가 넘쳤다. 이 여유로 인해 상황을 적절한 거리에서 바라보며 잘못된 해석과 이입을 줄이고, 조급한 적용과 행동을 막았다. 또 예상치 못한 상황을 만나도 기도에 의지해서 믿음을 지킬 수 있었다.

실제로 기도는 최선의 결과를 창조해냈다. 이는 꼭 번영과 성공, 부흥을 의미하지는 않는다. 기도했기에 반드시 성공이나 부흥이 따라오길 기대하는 건 신앙의 심각한 함정이다. 기도의 헌신과 부흥의 상관관계는 늘 필연적이지만, 부흥이 기도에 뒤따른다는 기대는 매우 위험하다. 기도는 그저 하나님 앞에 선 영혼의 마땅한 태도이고, 가장 건강한 존재 방식이다.

나는 모든 사역이 기도로부터 시작된다는 원칙을 공동체 안에서 철저히 지켰다. SNS 청년부를 7년간 섬기면서, 예배를 위한 토요 기도 모임은 한 주도 빠짐없이 이어졌다. 심지어 연휴나 명절에도 생략하지 않았으며, 매주 150명가량의 중보자가 모였다.

토요 기도 모임의 초점은 온전히 '예배'였다. 기도의 방향이 좀 더 다양하게 확장되기를 원하는 이들도 있었지만, 나는 이 시간에 드려지는 기도가 한 번의 예배를 뒷받침하기에도 턱없이 부족하다고 느꼈다.

예배는 하나님과의 관계성을 드러낸다. 어떻게 예배하는지를 보면 어떻게 사는지가 보인다. 하나님을 향한 목마름, 갈망, 사랑의 온도, 집중력, 관계적 친밀함, 전부를 쏟는 충분한 몰입, 이 모든 것이 예배 안에 여실히 드러난다. 적당히 예배하면서 최상의 삶을 기대하지 마라. 예배에 소홀하면서 삶을 자신하지 마라. 그 삶은 겉만 번지르르할 뿐이다.

하나님은 인류의 범죄 이후에도 오직 예배를 통해 그분의 백성과 교제하셨다. 그러니 예배는 인간에게 허용된 최대치의 축복이다. 따라서 삶은 예배의 수준을 결코 넘어설 수 없다.

나는 오랫동안 예배 중보자들을 훈련했다. 기도는 영적 에너지를 응축시킨다. 어느 순간 폭발력을 가질 만큼의 에너지로 말이다. 또 기도는 갈망의 순도를 높인다. 기도가 쌓인 예배는 임재의 밀도가 다르며, 예배자의 눈물의 농도가 다르다. 기도는 사역을 위해서도 존재하지만, 기도 자체가 사역이며, 기도만큼 유익한 사역은 없다고 믿는다.

기도의 임계점

기도를 공동체의 모든 사역의 중심에 놓았던 것과 함께 고수하던 사역 원칙이 하나 있었다. 그것은 성도들의 다양한 요구사항에 맞게 사역을 운영해야 한다는 강박에서 벗어나는 거였다. 사역 활동이 목회의 불안을 잠재우거나 성도의 심리적 필요를 충족하는 방향으로 가기보다 본질적인 활동에 꾸준히 집중할 수 있도록 여력을 확보하는 게 중요했다. 한 문장으로 하면 이거다.

"가장 중요한 것을 언제나 해내는 능력."

단순한 명제 같지만, 이 원칙을 '항상 지키기'란 쉽지 않다. 본질을 지키는 일에 흔들리지 않기 위해선 적절한 힘 조절을 해야한다. 불필요한 일에 에너지를 많이 쏟아부으면 정작 본질의 항상성을 유지하기가 힘들어진다.

꾸준히 성장하던 SNS 청년부가 정체기를 맞은 적이 있었다. 600명의 예배자가 1개월 이상 성장 없이 멈춰있었다. 어쩌면 공동체가 매주 어김없이 성장한 게 더 이례적이라고 여길 수도 있었지만, 내게는 그 시간에 대한 물음이 계속됐다.

'왜 멈춰있는가? 이것은 어떤 의미인가? 나는 무엇을 해야 하는가?'

하나님께서는 이 시기에 아주 중요한 사역 원칙과 전략을 가르쳐주셨다. 정체기에 느끼는 불안을 다른 사역이나 대체 활동으로 해소하려 하지 말고, 본질로 돌아가라고 말이다.

'오로지 기도에 집중해라. 대안을 찾지 마라. 대체 활동을 늘리지 마라. 요란한 행사로 시선을 끌지 마라. 얄팍한 전략을 끌어들이지 마라.'

정체기의 불안은 불필요한 활동을 늘리기 쉽다. 대안을 찾아야 한다는 유혹 때문이다. 하지만 이때야말로 오히려 본질을 굳게 지켜야 한다. 나는 이 시기에도 공동체가 오로지 본질인 기도와 말씀에 더욱 집중하도록 했다. 그러자 600명의 정체기가 한동안 지속되다가 단 한 번의 예배를 통해 800명대로 급성장했다.

이때를 제외하면, 내가 부임한 이후 SNS 청년부는 멈추지 않고 꾸준히 성장했다. 결국 성도 76명으로 시작했던 공동체는 최대 2,500명이 되었다. 이 성장 과정엔 매주 변화에 따른 적응과 노력이 필요했다. 한때 700명을 수용할 수 있는 지하 예배당에 최대 1,200명이 착석하면서 더 이상 사람이 들어갈 수 없을 만큼 밀집되었다.

리더들은 계단에 앉거나 서서 예배를 드려야 했고, 예배 시간 내내 밀려 들어오는 성도들에게 자리를 제공하기 위해 예배 중에도 숨죽여 가며 의자를 나르고 펴기를 계속해야 했다. 매주 최대 500개의 의자가 추가로 깔렸다.

예배 중간에는 붐비는 사람들 틈으로 오가기도 어려웠고, 겨울이면 외투를 벗어둘 공간이 없어서 예배당 밖에 벗어두기 일쑤였다. 심지어 열정적인 찬양과 기도 시간 이후 한 지체가 과호흡으로 실신하는 일까지 발생했다.

결국 공간의 한계와 밀집된 예배자들로 인해 예배 장소의 안전 문제가 큰 이슈로 떠올랐고, 소방법과 안전 매뉴얼을 지키기 위한 방안을 논의해야 할 지경에 이르렀다. 동시대 청년 세대에서는 찾아보기 힘든 이례적인 부흥이었다.

그러나 단 한번도 내게 부흥이 목표인 적은 없었다. 부흥을 목표로 하는 것과 부흥을 갈망하는 것, 이 둘은 비슷해 보이지만 본질적으론 극명한 차이가 있다. 부흥을 단지 수적 성장과 규모의 확장으로 해석하면, '어떻게 부흥이 가능한가'를 결코 깨닫기 어려울뿐더러 실현 또한 불가능하다.

다만 나는 늘 부흥을 갈망했고 준비했으며 이 갈망을 전이시키고자 했다. 부흥 자체가 기도의 맹목적인 목적이 되지는 않았지만, 기도로써 늘 준비했다. 이 영적 준비 태세는 중요한 자질이었다. 나는 공동체의 새로운 예배 처소를 구하는 기도를 꾸준히 드렸다. 영적 리더는 언제나 '다음'을 위한 기도를 '지금' 드려야 한다.

예배 처소를 위한 기도 응답은 1년의 긴 기다림을 견뎌야 했다. 당시 우리가 예배하던 장소보다 더 큰 공간은 본당뿐이었다. 교회의 상황에 의해 본당을 청년 예배로 사용할 수는 없었다. 그래도 난 기도를 멈추지 않았다. 포기하지 않고 기도하면서 동시에 하나님의 신호를 찾기 위해 언제나 변화를 관찰했다.

눈송이가 하나하나 쌓일 때, 그 하얗고 솜털 같은 것들에서는 육중한 무게감이 느껴지지 않는다. 그러나 수북하게 쌓여 임계점을 넘는 순간, 그 무게를 지탱하던 것들이 와르르 무너지곤 한다.

간절히 기도해도 현실에 아무런 변화가 없을 때 의심과 회의감이 밀려들지만, 그럼에도 기도 쌓는 일을 포기해서는 안 된다. 기도의 임계점을 넘어서는 순간, 마치 수북이 쌓인 눈이 견고한 무언가를 한순간 무너뜨리듯이 기도도 불가능을 무너뜨리기 때문이다.

점프의 역설

우리의 기도는 결국 임계점을 넘었다. 2018년 3월 18일, SNS 청년부는 본당에 올라갔다. 본당에서의 첫 예배 때, 기존 예배 인원의 50퍼센트에 해당하는 인원이 증가하여 공동체는 한 주 만에

1,560명이 되었다. 나는 그날 설교에서 앞으로 공동체가 계속 지향할 사역의 대원칙을 선언했다. 바로 '점프의 역설'이었다.

스키점프 경기에는 몇 가지 역설의 법칙이 존재하는데, 그중 하나가 점프의 역설이다. 점프의 기본은 무엇일까? 바로 '도약'이다. 점프의 역설이란 스키점프는 도약과 동시에 하강이 시작되므로 아래로의 도약, 곧 낮은 곳으로 도약한다는 것이다. 일반적인 도약은 위를 향한 도약이지만 멀리 비행하고 안전히 착지하기 위해서는 점프의 역설, 즉 아래로의 도약을 안정적으로 유지하는 게 관건이다.

또 하나는 '양력(揚力)의 역설'이다. 스키점프 순위에 결정적 영향을 미치는 비행거리는 양력, 즉 뜨는 힘에 좌우되는데 보통 상식으로는 뒤에서 밀어주는 바람이 불 때 더 높이, 더 멀리 점프가 지속될 수 있다고 생각한다. 그러나 스키점프는 반대로 맞바람을 받으면 비행거리가 늘어나고, 뒤에서 바람이 불면 오히려 짧아지는 역설이 발생한다.

맞바람이 불면 공기의 저항 때문에 선수를 위로 들어 올리는 힘이 강해져서 체공 시간(공중에 머무는 시간)이 길어지고 비행거리도 늘어나지만, 뒤에서 부는 바람은 저항이 없는 만큼 체공 시간과 비행거리를 짧아지게 하기 때문이다.

이처럼 우리도 영혼의 안전을 위해 언제나 '신앙의 역설'을 택해야 한다. 낮은 곳으로 도약하는 겸손과 삶의 저항을 이용해 더 높이 비상하는 믿음의 능력 말이다. 이 점프의 역설이 SNS 공동체 사역의 2막 1장을 여는 영적 지침이었다.

오랫동안 기도한 것이 응답받고 성취되었을 때 안주하지 말고 다음 고지(高地)를 설정해야 한다. '은혜의 지속'을 위해서다. 성취의 다음 행보가 또 다른 성취가 될 수 있도록 은혜를 지속할 유일한 힘은 '겸손'이다. 엎드린 사람은 넘어지지 않는다. 또한 삶에 불어오는 맞바람을 적절히 이용할 때 우리의 영혼은 더 높고 멀리 비상할 수 있다.

마음이 땅을 보지 않도록

공동체의 놀라운 부흥과 성장의 시기에, 사단의 공격도 호시탐탐 이어졌다. 하나님으로부터 받은 열망과 비전이 차갑게 식어버리거나 무겁게 주저앉도록 만들려는 거센 방해들이었다.

당시 나는 수년간 지속된 여러 분쟁과 공방에 시달리고 있었다. 누군가가 인터넷에서 내 사진을 합성 및 도용하여 음란 게시물을 만들어 유포했고, 주일날 거짓 비방 현수막이 교회 전면에 내걸렸으며, 거짓 비방 게시물을 철수한 공동체 교역자들이 절도 죄로 고소까지 당했다. 이뿐이 아니었다.

심각한 수위의 폭행 협박이 이어졌고 실제 내 눈앞에서 폭행과 자해 위험이 일어났으며, 위협적인 스토킹과 병적인 과대망상에 의한 명예훼손과 거짓 유포가 수년째 지속됐다.

공격을 받으면 마음이 꺾인다는 표현이 적절했다. 나는 수시로 꺾이는 마음을 다시 꼿꼿이 세워야 했다. 한 사람의 예배자를 넘어 대표자와 책임자로서 다수의 사람 앞에 선 내 의연함 뒤에는 치열한 내적 싸움이 있었다. 믿음을 택하고 성숙하게 표현하기까지 평안을 지키기 위한 싸움은 너무도 치열했다.

내겐 자신을 들여다보거나 슬픔과 연민에 빠질 여유가 없었다. 영적 퇴로가 없었다. 매주 사수해야 하는 예배를 향한 갈망이 마음을 다잡는 절대적 의지로 작용했다. 하지만 예배의 목적과 의지가 충분해도 마음의 싸움이 쉬워지는 건 아니었다. 이 싸움은 반복한다고 해서 수월해지거나 쉽게 이겨낼 요령이 생기지도 않았다. 그저 매 순간 애써 결단해야 했다. 마음이 하늘을 향하도록, 땅을 보지 않도록.

이때 내 속사정과 겉모습의 간극이, 나 자신을 혹독하게 통제하던 긴장감이 몸을 많이 망가뜨렸던 것 같다.

SNS 청년부를 섬기며 1년에 두 차례 '샤이닝 글로리'라는 사역을 했다. 교역자들 사이에서 헌신의 강도로 따지면 순교와 오지 선교 다음이라고 우스갯소리를 할 정도로, 7일간 하루에 1-2시간만 자면서 섬겨야 하는 극한의 사역이었다. 나는 이 사역을 10년간 한 해도 빠짐없이 섬겼다.

여섯 걸음

2015년, 샤이닝 글로리 수련회에 참석한 어느 날이었다. 몇 일간의 수면 부족으로 몸의 피로가 극에 달한 상황에서 심각한 공격에 시달렸다. 예배를 섬기는데 나를 찾는 전화가 끊이질 않았다. 공격은 더욱 거세지고 위협은 극에 달했다. 모든 상황에 홀로 맞서 해결해야 했다. 두려움과 불안, 문제 해결의 압박과 분노가 내 영혼에 불붙듯 번지는 걸 느꼈다. 이 불이 나를 전부 태워버릴까 봐 거칠게 저항했다.

그때 수련회 장소에서 처음으로 눈 밑 근육의 씰룩거림과 떨림을 느꼈다. 너무 피곤해서 생긴 일시적인 증상이거나 단순한 영양소 결핍이려니 생각했지만 이후 증상이 사라지지 않았고, 꽤 오래 앓아왔던 이명과 함께 얼굴 한쪽이 굳는 증세가 나타나기 시작했다. 이명과 안면 측면 마비와 찌그러짐, 눈 밑 경련은 누구나 알아볼 정도로 심해졌고, 급기야 한동안은 얼굴 한쪽이 완전히 주저앉은 것처럼 잘 움직이질 않았다.

나는 증세의 심각성을 느끼고 병원을 찾았다. 의사는 뇌 신경을 누르는 종양이 있거나 뇌 신경의 구조적인 문제 같다는 소견을 밝혔다. 이후 정밀 검진을 받으려고 진료 대기실에 앉아있는데 생전 느껴보지 못한 감정이 밀려왔다.

그곳엔 온통 노인뿐이었다. 내 몸에 나타난 증상도 분명 노인의 것이었다. 순간 '내가 벌써 이렇게 낡아버린 건가' 하는 생각에 묘하게 서글펐다. 그리고 오랜 시간 우두커니 앉아 무너지는 마음을 애써 추슬렀다. 마음속으로 스스로 다독였다.

'그래… 내가 녹슬지 않고 닳고 있으면 된 거지. 이렇게 내 몸마저도 쓰임 받는 게 맞는 거지.'

여러 검진 후 의사의 명확한 진단을 받았다. 뇌혈관이 혈류의 흐름으로 신경을 쳐서 마치 합선되는 현상처럼 경련과 마비, 씰룩거림이 발생하는 것이며, 뇌를 열어 7번 신경과 혈관을 분리하는 수술을 해야 한다고 했다.

이후 이 분야의 최고 권위자를 찾아가 치료 방법을 상담받았다. 이 질병의 원인과 치료법에 관한 축적된 데이터를 종합했을 때, 다양한 의학서와 명의들이 한결같이 말하는 한 줄의 결론은 이것이었다.

"이 질병은 절대 자연적으로 치료되거나 호전될 수 없다."

구조적인 문제이기에 외과적 수술이 아니면 해결할 수 없다는 거였다.

이 아픔마저 끌어안기를

나는 '불가능하다'라는 이야기를 들으면 하나님의 생각이 궁금하다.

'인간이 불가능하다고 여기는 일을 하나님은 어떻게 생각하실까?'

여섯 걸음

수술 등의 의학적 개입은 하나님이 일하시는 놀랍고 경이로운 방법 중 하나다. 의학의 도움을 받는 걸 마치 믿음이 없는 것처럼 여기는 건 어리석은 판단이다. 다만, 인생에 일어나는 수많은 일 중에서 인간이 상식적으로 불가능하게 여기는 일들에 대한 하나님의 생각을 묻는 것뿐이다.

우리는 하나님께서 인간의 모든 불가능을 정복하시는 것을 목격하는 기쁨을 누리기 위해, 그분의 일하심을 더욱 극대화하기 위해 믿음의 도전을 받아들여야 할 때가 있다. 물론 반대로 현실에 순응해야 할 때도 있다. 때에 따라 하나님께 여쭈며 그 응답을 붙드는 것이 우리의 변화무쌍한 인생이다.

중요한 것은 '하나님의 뜻이 어디 있느냐'이다. 그 뜻으로 인해 우리는 선택의 순간에 모든 불가능을 비웃을 수 있다. 나는 계속 하나님의 뜻을 구했다. 수술을 하는 것도 믿음이고, 하지 않는 것도 믿음이었다. 이 둘은 내게 같은 무게였다. 하지만 명확한 응답 없이 진단과 처방만으로 수술을 택하기엔 믿음이 허락하지 않았다. 그렇다고 증세가 나아지는 것도 아니었다. 심할 땐 사람들 앞에서 고개를 들 수조차 없을 만큼 얼굴이 일그러졌다.

매주 회중과 카메라 앞에 서기 위해 극기에 가까운 마인드 컨트롤과 간절한 중보기도가 필요했다. 지금도 성도들이 식사라도 같이하자고 하면 얼굴을 마주 볼 때마다 속으로 얼마나 심호흡을 많이 하는지 모른다. 성도들과 밥 한 끼 먹기 위해, 한 번의 친근한 교제와 만남을 위해 이렇게나 마음을 가다듬고 정신 통일을 외쳐야 한다는 걸 아무도 모를 것이다. 사람들에게 쉬운 일이 내겐 너무 어려웠다. 나는 이 쉬운 일들에 늘 허덕였다. 남들이 굳이 믿음까지 적용하지 않아도 되는 일에 나는 믿음을 간절히 구해야 했다.

나를 진단한 병원에서는 이 질병을 앓는 젊은이 대부분이 대인기피와 우울증에 시달린다고 했다. 그러니 나처럼 회중과 카메라 앞에 서야 하는 사람은 어떻겠는가.

이 질병이 오래 지속된 지금, 급기야 나는 웃음을 잃어버렸다. 삶의 기쁨과 즐거움이 사라졌다는 게 아니다. 신경 반응으로 인한 근육의 강직 때문에 얼굴이 찌그러져서 웃어지질 않는다. 심지어 내가 웃을 때 어떤 표정을 지었었는지 생각이 나질 않는다.

이 질병은 생명이 걸린 문제는 아니지만, 심리적으로 깊은 병을 만든다. 이 병과 가만히 마주하고 있으면 영적인 침체가 찾아오곤 한다. 하지만 그럴 때마다 가장 근본적인 처방으로, 하나님께서 이 아픔을 어떻게 긴요하게 사용하시는지를 음미해본다.

하나님 앞에 조용히 머물며 이 시대의 긴급한 사명과 그분의 요구에 기꺼이 쓰임 받는 인생, 그 인생에 부어주시는 하나님의 놀라운 축복과 부흥, 이 모든 것을 감당하기 위해 육신의 가시가 어떻게 쓰이고 있는지를 생각해본다.

질병의 거센 압박이 내 사소한 일상마저 짓누를 때 '은혜 없이는 살 수 없다'라는 고백이 실제가 된다. 내 연약함을 인식할 때마다 철저히 낮아지고 믿음을 붙들려고 분투한다. 처절하게 하나님을 의지한다. 이 어찌 영혼의 유익이 아니라고 할 수 있겠는가.

내 인생에 주신 하나님의 높고 영화로운 부르심을 완성하기까지 이 질병이 나를 그분께 더욱 가까이 데려간다는 의식에서 언제나 영혼을 추슬렀다.

질병이 내 얼굴을 찌그러뜨릴망정 내 영혼까지는 때려눕히지 못하도록. 육신의 고통이 내 영혼 깊이 새겨진 하나님의 선하심을 훼손하지 않도록. 언제 끝날지 모르는 이 아픔이 더 큰 사랑의 이유가 된다면, 내 삶이 이 아픔마저도 꼭 끌어안도록….

본질의 힘

SNS 청년부가 76명에서 2,500명으로 성장하면서 청년 사역의 전략에 관해 종종 질문을 받았다. 하지만 나는 10년 넘게 청년 사역을 하면서 '청년'이라는 특정 대상을 향한 전략적 접근을 고려해본 적이 한 번도 없었다. 오직 본질만을 생각하고 추구했다.

하루는 청년 사역자들이 모여 회의를 하는데 한 분이 말했다.

"교회가 청년들에게 다가가기 위해 인문학과 심리학을 이용하지 않으면 이 시대에는 결코 그들과 접촉점을 만들 수 없습니다."

물론 접촉점을 만드는 전략은 중요하다. 하지만 더 중요한 건 본질이다. 본질을 강화한 다음에 다양한 문화적 전략으로 청년들과 접촉을 넓혀갈 수 있다. 교회의 본질은 영혼을 외면하지 않는 것이다. 결국 영혼을 뚫어내는 건 본질의 힘이다.

시대를 막론하고 말씀은 그 자체로 능력이 있다. 모든 건 말씀으로 변화된다. 교회가 살아 운동력 있는 말씀의 힘을 잃어버렸기에 변화가 일어나지 않는 거지, 심리학이나 인문학적 전략이 부족해서가 아니라는 거다.

재차 말하지만, 영적 문제를 외면한 채 다른 각도에서 영혼에게 다가가려는 시도는 곧잘 실패하고 만다. 정확히 말하면 실패해야 한다. 전략을 차치하고서라도 교회의 교회 됨을 지키기 위해서 목회자는 영혼의 허기에만 집중하는 게 맞다.

7년간 SNS 청년부를 섬기며 일관되게 지켜온 사역의 초점은 '오직 하나님이 받으시는 예배를 드리는 것'과 '단 1명도 은혜 없이 돌아가지 않게 하는 데 전부를 거는 것'이었다.

이 초점이 흐려지지 않게 하려고 '영혼 관리'를 집요하게 했다. 나부터 내 영적 갈망과 허기를 끊임없이 점검했다. 동시에 공동체를 섬기는 이들이 영적인 사역 외에 부차적이고 비본질적인 일에 너무 많은 역할을 감당하는 것을 철저히 지양했다. 사역자는 목양과 기도에 가장 많은 힘을 쏟아부어야 한다.

이런 사역의 지향점을 위해 하나님께서는 때에 맞게 동역자들을 붙여주셨다. 특별히 부흥의 절정에서 나는 동생으로부터 '예배 예술'과 '예배 장인'이라는 새로운 사역의 영감을 받았다. 당시 공동체에서는 전도 집회 준비가 한창이었다. 동생은 전도 집회마다 으레 하는 행사들로 구성된 프로그램을 보더니 일침을 날렸다.

"교회 행사는 왜 이렇게 고민이 없지? 성도들이 교회 밖에서 누리는 문화적 지능과 감각의 수준이 얼마나 높아졌는데, 이 정도의 접근과 고민으로는 아무도 설득할 수 없어. 교회는 '은혜롭게'라는 허용치가 높아서 창조적인 고민을 안 하는 것 같아. 고민도, 영혼도 없이 시작하는 지점이 너무 많아.

이 프로그램이 왜 필요한지 정확히 답할 수 없는 것들은 하지 말아야 해. 전도 집회라고 셀럽(celebrity의 줄임말, 인지도가 높은 유명 인사) 초대해서 간증부터 듣자는 뻔한 발상은 그만해라. 이제 교회 행사도 패러다임을 바꿔야 해."

다소 충격적인 조언이었지만, 이러한 시선이 교회 사역에 대한 관점을 갈아엎는 결정적인 계기가 되었다.

동생의 말대로 교회 사역의 설득력을 높이기 위해 고민하며 파고들다 보니, 목회자가 전문인이 해야 하는 역할을 감당하느라 영혼을 관리하는 본연의 영적 기능은 상실하고, 교회 사역의 전문적 영역 또한 약화된 것이 보였다. 분명 목회자가 감당하기 힘든 지점, 곧 전문가의 영감과 능력이 개입되어야 완성되는 영역이 존재했다. 그뿐 아니라 크리스천 인재들의 예술적, 문화적 능력이 더 이상 교회와 예배를 위해 쓰임 받지 못하고 한낱 먹고사는 일과 세상 문화에만 기여하도록 구조화되고 있었다. 하나님이 주신 달란트를 하나님나라에 헌신하지 않고, 생업과 세상의 성공을 위해서만 쓰는 게 문제였다.

그래서 새로운 비전을 토대로 사역적 전략을 대폭 수정했다. 바로 교회에 인재를 세우는 일이었다. 교회가 세상을 선도할 만한 문화적 역량을 갖추기 위해서는 세상에 인재를 빼앗기지 말아야 했다.

'전문적인 기능인들이 자신의 재능으로 예배를 섬길 수 있는 장을 만들자. 그리고 장기적으로 그들이 예배를 위해 능력의 최대치를 발휘할 수 있도록 그들의 삶을 현실적으로도 후원하자.'

우선 공동체에 기획팀을 구성했다. 팀장은 동생이 맡았다. 사역의 패러다임을 재구성하기 위해 창조적 아이디어가 필요했다. 나는 동생과 영적으로 긴밀히 소통하면서 어떤 사역이든 '무엇을 말할지'(What to say)부터 공고히 다지려고 노력했다. 그것이 명료하면 메시지에 힘이 실리고, '어떻게 할지'(How to)가 풀렸다(반대로 본질이 약한 상태에서 어떻게 할지만을 쥐어짜면 반드시 문제가 생긴다).

여섯 걸음

기획 단계에서 '세상에 이런 이야길 하고 싶어'라는 메시지의 분명함과 깊이감이 생기자 기능인들도 한목소리로 말했다.

"내가 하고 싶은 말이 바로 그거였어요."

교회 사역에 창조적인 기획력이 더해지면서 전문 인력이 예배나 사역을 위해 자신의 재능을 아낌없이 내어주는 선순환이 시작됐다.

우리가 드릴 수 있는 최고의 것, 최선의 것을 받기에 합당하신 주님께 청춘의 달란트가 쏟아부어지는 게 기뻤다. 그들의 재능과 탁월함이 다름 아닌 '예배'에 쓰임 받는 게 감격스러웠다. 예술성의 최대치를 예배 안에 구현하려는 새로운 비전이 내 심장을 뛰게 했다. 그래서 오랫동안 브살렐과 오홀리압의 기름부음을 구하며, 주께서 우리의 예배를 향기로운 향유처럼 받으시길 기도했다.

chapter four

비상시를 살아가는 태도

◆ ◆ ◆ ◆ ◆ ◆ ◆

지도 밖을 행군하다

하나님께서는 매년 그해 사역의 방향성을 키워드로 주셨다. 나는 이 방향성 안에서 한 해의 사역을 계획했다. 2019년 가을, 이듬해 사역을 준비하면서 받은 키워드는 좀 특별했다.

"새로운 지도를 그리는 사람들."

예배 후에 동생이 하나님이 주신 마음이라며 한 줄의 메모를 건넸다.

"지도 밖을 행군하라."

동생과 나는 둘 다 '지도'라는 키워드를 받았다. 그런데 이는 '새로운 지도'였고, 기존 지도 '밖'의 영역을 암시했다. 지도 밖의 행군이란 '경계 밖의 삶'을 뜻했다. 나는 어렴풋이 생각했다.

'하나님께서 경계 밖의 일들로 사역을 확장하시겠구나.'

키워드의 구체적인 의미와 방향성을 구하는 기도 중에, 하나님께서 말씀하셨다.

'공동체가 이전에 없던 길을 보게 될 것이며, 걸어보지 못한 길을 걷게 될 것이다.'

이는 믿음의 상상력뿐 아니라 큰 믿음이 요구되는 일이었다.

'예측 가능한 진로를 벗어나 경험적 통계를 적용하기 힘든 창의적 사역의 길이 열리는 건가?'

이 새로운 사역에 대한 구상은 당시 쉽게 해소되지 않던 내 고민과 맞물려 진행됐다.

온누리교회 서빙고 성전 본당에서 드려지던 공동체의 예배는 또다시 장소 이전을 고민해야 할 만큼 수적으로 채워졌고, 영적으로도 충만했다. 예배를 사모하며 준비하는 이들은 '이보다 더 좋을 수 없는' 예배의 기름부음을 매주 경험했다.

나 역시 예배 안에서 영적 포화 상태를 느꼈다. 하지만 이 영적 포만감이 새로운 정체기를 가져오는 게 아닌지 우려스러웠다. 매주 수련회나 부흥회 이상의 뜨거움으로 예배를 드리면서도, 석연찮음을 느끼는 내게 동생이 말했다.

"믿음이 청년들의 삶에서 공회전되고 있다고 느끼는 거지?"

바로 그거였다. 이 고민은 하나의 질문으로 모아졌다.

'더없이 좋은 예배만큼 삶이 구체적으로 변화되고 있는가?'

이 질문은 하나의 갈망으로 이어졌다.

'우리의 매일을 예배처럼 살 순 없을까? 마치 변화 산에서 주를 위해, 또 엘리야와 모세를 위해 초막을 짓겠다던 베드로처럼 예

배적 환희가 일상에 스며들지 못하고 예배 안에서만 포화 상태에 빠진 건 아닌가?'

그렇다. 나는 예배의 영광이 청년들의 일상 속으로 깊이 침투하기를 원했다. 주일의 기름부음이 6일의 삶에 깊숙이 흘러 들어가고, 그 영광스런 6일이 다시 예배를 떠받칠 때, 하나님께서 기뻐 받으실 삶의 예배가 시작될 수 있다고 생각했다.

이 갈망은 새로운 영적 태동을 불러왔다. 공동체 기획팀장인 동생의 기획으로 '콘크리트 프로젝트'(Concrete project)라는 큰 일상 부흥 운동 안에서 '선셋'(Sunday is everyday, 매일을 Sunday로 Setting 하라)과 'E-sigo'[이(E) 시(Si)대 청년들에게 고(Go)함]라는 새로운 사역을 준비했다. 예측할 수 없는 하나님의 이정표와 지시등이 켜졌고, 그것을 삶에 구체화하려는 몸부림이 이 기획 사역에 고스란히 실현됐다.

우선 콘크리트 프로젝트는 형용사로서 '구체적인'이라는 의미와 콘크리트라는 건축 재료, 이 두 가지 뜻처럼 청년들의 일상에 신앙의 구체성을 단단히 실현하는 프로젝트였다. 교회가 책임질 수 없던 청년들의 6일의 삶에 두 팔을 뻗는 영적 행위로서 그들의 일상에 신앙의 구체적인 변화가 정착할 수 있도록 공동체가 함께 고민을 짊어졌다.

그 첫 번째 사역으로 우리는 청년들과의 접촉점을 늘리고 소통의 장을 만들기 위해 한 리더십의 자원으로 'Sunset'이라는 앱을 자체 개발했다. 고된 작업에 쏟는 시간마저 상당했지만, 모두 자원해서 헌신했다. 이 앱은 주일 말씀을 매일 쪼개서 다시 묵상하고, 앱에 접속해서 기도와 나눔을 이어갈 수 있도록 개발되었다. 동시에 또 다른 사역으로 'E-sigo'라는 타이틀의 영상물도 제작하여, 일상에서 부딪히는 실제적인 신앙 고민에 말씀을 적용하도록 도왔다.

그런데 이 사역들이 모두 구축되고 실행 단계에 이르렀을 때, 전혀 예기치 못한 사태가 벌어졌다. 코로나19 팬데믹이었다. 주일 예배는 돌연 문을 닫아야 했고, 함께 모여 예배할 수 없는 상황이 너무도 충격이었다. 이 신음과 고통은 온 교회를 휩쓸고 지나갔다. 나는 그제야 하나님께서 왜 지도 밖을 행군하라고 말씀하셨는지 이해할 수 있었다. '새로운 지도를 그리는 사람들'의 부르심은 바로 이때를 위한 것임을 깨달았다.

누구도 예상치 못했던 삶, 지도가 제공하는 정보의 가치가 쓸모없는 시대가 펼쳐졌다. 이 시간표가 우리에게 다가오고 있는 줄 누가 알았겠는가. 하나님만 아셨다. 주일 성수를 위해 성도들이 교회에 모이지도 못하는 현실을 맞닥뜨리자 하나님께서 왜 'Sunday를 everyday로 setting하라'라고 하셨는지 알게 됐다.

예배는 성전에서 드려지지 못했다. 예배가 성도의 일상에 찾아가야 했다. 주일 예배 한 번의 파급과 여운으로 일상을 견인할 수 없었다. 게릴라부대가 적진을 깊숙이 침투하듯 성도들의 고립된 일상으로 영성이 침투해야 했다. 성도들의 일상을 교회가 외면해서는 안 된다는 영적 부담감은 팬데믹으로 인해 고립된 성도들의 일상에 대한 책임감으로 바뀌었다. 공동체는 콘크리트 프로젝트의 사역 정신으로 이 위기 상황에 놀랍도록 적절하게 대처할 수 있었다.

시름과 씨름

하지만 오랫동안 준비한 사역들은 여러 안타까운 이유로 실현되지 못하고 무산됐다. 공동체 자체 앱도, 독자적 영상 채널도 생각지 못한 반대에 부딪혀 존속할 수 없었다. 깊은 좌절과 무력감을 느꼈다. 명확한 하나님의 인도하심을 따라 꿈꾸고 준비한 수많은 사역에 폐쇄 명령이 떨어진 듯했다.

많이 힘들었다. 마음이 꺾였다. 사역만큼 비전도 꺾인 느낌이었다. 그간 대학 청년부 사역을 하면서 고 하용조 목사님의 믿음의 유산을 계승하려고 애썼다. 그 분의 '십만 대청'의 꿈을 실현하고자 오랜 시간 기도했고, 매주 예배 선언과 기도 선포로 십만 대청의 꿈을 쏘아 올렸다. 한 주도 빠짐없이 이 비전을 의식하며 달렸고, 한 걸음이라도 내딛길 원했다.

나는 스스로를 이 세대 예배 부흥의 바통을 이어받은 주자라고 생각했다. 이 바통은 하 목사님께서 생전에 내게 건네신 거였다. 하지만 사역이 좌절되자 '이 믿음의 계주를 멈춰야 하는가'라는 고민이 이어졌다. 십만 대청이라는 결승선만 바라보고 질주하던 내게 갑자기 골인 지점이 사라진 듯했다. 나는 이 좌절과 무력감조차 하나님의 섭리 안에서 최선이 되기를 신음하며 기도했다.

그리고 내 시선이 지도 밖을 향했다. 십만 대청의 비전이 경계선 밖으로 확장된 것이다. 바로 그때 하나님께서 제3의 길로 '교회 개척'을 말씀하셨다. 뜻밖이었다. 처음 이 응답을 받고 그분의 큰 그림이 구체화되기까지 이 미지의 삶을 어떻게 그려야 할지 몰라 많이 여쭈었다. 이 과정은 그 자체로 복됐다.

어느 날 둘째 조카가 하기 싫은 수학 학습지를 풀면서 말했다.

"엄마가 수학 문제를 풀면 새로운 뉴런이 생성된댔어."

그 모습이 너무 귀여워 내가 물었다.

"그게 무슨 말이야?"

"뉴런은 우리 뇌에 있는 신경 세폰데 처음 보는 수학 문제를 풀 때 뉴런이 시냅스라는 걸 마구 형성하면서 새로운 뉴런이 생겨난대. 그래서 너무 풀기 싫은데 참고 풀고 있는 거야. 내 머리에 뉴런 생기라고."

답을 찾기 위해 머리를 쓰고 여러 공식을 대입해보고 끙끙대다 보면 지적 능력이 계발된다. 실제로 뇌의 신경 세포인 뉴런이 생성되고 시냅스의 가소성(可塑性)이 생긴다고 한다. 엄마의 말을 되새기며 수학 문제와 씨름하는 귀여운 조카를 보면서, 이것이 영적 체계와 닮아있다고 생각했다.

우리는 인생 가운데 답이 보이지 않는 문제를 숱하게 만난다. 그럴 때 답을 쉽게 쓰지 못하거나 문제 풀이 자체를 포기하는 사람이 태반이다. 어려운 수학 문제에 머리가 아프듯이 답이 보이지 않는 삶의 문제 앞에서 영혼은 진통을 겪는다. 하지만 미지의 수학 문제를 풀 때 답을 찾아가는 과정에서 뉴런이 왕성하게 생성되고 지적 능력이 계발되듯이, 하나님의 뜻을 구하는 영혼의 신음을 통해 영적 세포도 활발히 생성되고 영성도 계발된다.

이 문제 풀이 과정은 바로 기도의 씨름이다. 하나님의 뜻과 계시는 객관식 답안처럼 주어지지 않는다. 엎드려 머물러야 한다. 그만큼 하늘이 열리기 때문이다.

망해도 하겠니?

나는 하나님의 뜻을 알 수 없었다. 지도 밖을 알 턱이 없었다. 무엇을 꿈꿔야 할지도 몰랐다. 하지만 하나님께서는 나의 영적 신음을 통해 교회를 품게 하셨다.

교회 개척에 대한 하나님의 비전을 함께 꿈꾸기까지 내 마음을 많이 비워내야 했다. 나는 온누리교회에서 16년을 근무하면서 청춘과 사랑과 충성을 모두 바쳤었다. 매 순간 전심으로 사역했다.

무엇보다 이곳은 나의 영적 근거지였다. 경배와 찬양 예배에서 하나님을 만났고, 하스데반 선교사님의 영적 DNA로 예배적 자아가 생성됐으며, 고 하용조 목사님께 믿음의 유산으로 청년 부흥의 비전을 받았다. 목사님의 비전은 나의 열정의 모태였다. 청년 세대를 부탁한다는 목사님의 유언 같은 말씀을 가슴에 새기며 매주 예배 단에 올랐다. 그런 곳을 떠나야 한다니…. 너무나 모진 결별이었다. 내 마음에서 무얼 내려놓고 비워야 할지 혼란스러웠다.

게다가 현실적으로도 이 안정적인 기반을 벗어나는 일은 큰 결단이 필요했다. 나는 당시 대학 청년부에서 연차가 가장 오래된 목사였다. 그런데 앞으로 조직과 분리돼서 혼자 모든 것을 감당해야 한다는 게 큰 부담으로 다가왔다. 결정을 넘어선 각오가 필요했다.

선택 앞에 치열하게 고민하던 어느 날, 동생이 묘한 웃음을 지으며 말했다.

"본회퍼가 미국으로의 망명과 교수직 제안을 거절하고 나치 치하의 고국으로 돌아가기로 결정한 게 우리 나이쯤이었어. 누군가에겐 젊음 전체를 걸고 축적한 것들을 제로로 만들고, 가장 중요한 가치를 위해 모든 걸 걸어야 하는 때가 오는 것 같아."

동생의 말에 수긍이 되면서도 속으로 생각했다.

'그 숙명적인 선택엔 정말이지 낭만은 없는 것 같아.'

내가 개척을 계획한다고 하니 많은 사람이 SNS 청년부의 부흥이 자신감으로 작용했냐고 물었다. 이거야말로 낭만적인 생각이다. 그 자신감만으로는 그동안 쌓아온 모든 걸 제로로 만들 순 없다. 내게 안정감을 주는 모든 걸 뒤로하고 떠날 순 없다.

내가 가장 경계했던 건 경험적인 성과에 기대는 마음이었다. 언제나 절대 긍정해야 하는 건 하나님의 약속을 향한 믿음이지, 과거 경험을 토대로 미래를 낙관하는 게 아니기 때문이다. 이 낙관은 믿음과 유사하게 느껴지지만 결코 믿음이 아니다. 오히려 통계와 예측에 가깝다.

개척을 위해 기도하던 1년 2개월 동안, 스스로에게 집요하게 물었다.

'망해도 하겠니?'

이 질문에 현실의 무게를 다 달아보고도 'yes'라고 답할 수 있을 때까지 끊임없이 물었다.

'현실은 냉혹하다. 이것을 선택하면 일단 모두 내려놔야 한다. 많은 걸 잃어버릴 수도 있다. 모든 안정과 기반으로부터 벗어나야 한다. 그리고 이제부터 매 순간 내가 가장 앞서 걸어야 한다. 잘되지 않을 수 있고, 망할 수도 있다.'

눈앞이 깜깜할 때까지 모든 걸 지워 내려갔다. 아무것도 기댈 것 없는 곳에 수없이 나를 세워봤다. 생각하고 또 생각했다. 그리고 다시 물었다.

'자, 그래도 하겠니?'

결국 중요한 건 부르심이었다. 내 앞에 놓인 부르심. 이것이 선명하면 모든 걸 뒤로하고 '올인'할 수 있으니까. 나는 개척에 대한 하나님의 부르심을 거듭 확인했다. 부르심이 확실하면 이 자체가 현실의 하중을 모두 견뎌낸다.

SNS 청년부를 섬기던 마지막 해, 나는 남은 사역을 향한 약속의 말씀을 구했다. 하나님께서 새로운 교회를 꿈꾸게 하셨지만, 내겐 아직 섬겨야 할 사역과 공동체가 있었기에 그것을 위한 말씀을 구했다. 그런데 하나님께서는 지도 밖 영역을 거듭 확인시키셨다.

여호와께서 또 눈의 아들 여호수아에게 명령하여 이르시되
너는 이스라엘 자손들을 인도하여
내가 그들에게 맹세한 땅으로 들어가게 하리니
강하고 담대하라 내가 너와 함께하리라 하시니라 신 31:23

그분의 음성은 선명했다.

'너는 이제 새 땅으로 가라.'

새로운 정복의 시대를 이끌라고 하셨다.

믿음만 있다면

개척에 대한 마음을 받았다고 처음으로 아버지께 말씀드린 날이 기억난다. 아버지는 개척 교회 목회자는 아니셨지만 개척이 얼마나 뼈를 깎는 일인지 잘 아셨다. 그래서 이 계획에 대해 말씀드리는 일이 더더욱 쉽지 않았다.

내가 어렵사리 말씀드리자 아버지의 표정이 많은 걸 말해주었다. 처음에는 꽤 단호하게 그런 생각은 하지도 말라고 하셨다.

"개척은 네가 생각하고 상상한 그 이상으로, 그리고 이제까지의 경험을 훨씬 초월하는 힘든 일이야. 그 길을 잘 몰라서 하는 말인 것 같구나."

개척을 너무 쉽게 생각한다며 따끔하게 말씀하셨다. 아버지의 반응은 결코 하나님으로부터 온 계획과 부르심을 부정하거나 하찮게 여기거나 그저 '네 뜻대로 좀 더 편히 살아도 된다'라는 의미가 아니었다. 이것은 그저 지극한 '부성애'였다. 그 외로운 길에 차마 사랑하는 딸을 세울 수 없는 마음. 이 고독한 책임을 차마 딸에게 지울 수 없는 마음. 그것을 너무 잘 안다.

그럼에도 아버지는 결국 내가 해야 한다는 걸 아셨다. 나 역시 굳이 아버지를 설득할 필요가 없었다. 이미 사명의 전제를 알기에. 어떤 것도 거스를 수 없는 운명적 부르심이기에.

교회 개척은 창업이 아니다. 목회는 단지 경영이 아니다. 교회 개척은 새롭게 조직을 세우거나 운영 원칙을 수립하는 일이 아니다. 유형의 건물을 사람과 이벤트로 채우는 것도 아니다.

교회는 그리스도의 몸이며, 영적인 존재다. 교회 개척은 영적인 구조를 세우는 것부터 유무형의 조직과 체계, 경영과 관리 등 모든 것을 포함한다. 아버지 말씀이 맞았다. 이 길은 내가 알 수 없는 길이었다. 단순히 가보지 않아서가 아니었다.

내게 개척을 쉽게 본다며 반대하던 어른 대부분은 '여성 담임 목회자가 한국 교계에서 생존할 수 있을까'에 대한 우려를 비췄다. 내가 몸담던 교회가 여성 목회자의 사역지로는 최적이라는 현실적인 조언도 많이 건넸다. 개척에 들어가는 재정에 관해서도 근심 어린 질문을 쏟아냈다. 내 배후에 큰 재정 후원자가 있냐고도 물었다.

우습게도 온누리교회에 사표를 쓰고 나오는 길에 가장 먼저 들른 곳이 은행이었다. 내 카드의 대출 한도를 최대치로 늘리고 신용카드를 하나 더 발급받았다. 재정이 필요할 때 언제든 빠르게 조달하기 위해서였다.

예배 장소를 위한 대관료도 우선 내 카드로 할부 결제했다. "재정은 어떻게?"라는 질문 앞에선 '퇴직금도 있고, 대출도 있고, 할부도 있고…'라고 생각하며 최악의 상황이 닥쳐도 피할 길이 아주 없는 건 아니라고 여겼다. 현실적으로 결코 가볍지 않은 문제였다. 게다가 이 부담과 책임을 덜기 위해 현실 감각을 무디게 할 수도 없었다.

리더는 언제나 답이 있어야 한다. 대안도 준비해야 한다. 최선을 다하면서, 차선도 마련해야 한다. 단 이 모든 건 부르심과 약속 위에 있어야 한다. 본질은 이 일이 '인간의 계획과 전망에서 나온 것이냐, 하나님의 부르심에서 온 것이냐'이다. 하나님으로부터 온 부르심은 결국 그분이 이루시기 때문이다.

하늘로부터 온 부르심 중에는 가시떨기 앞에 선 모세나 타작마당에서 밀을 타작하던 기드온 혹은 동정녀 마리아에게 주셨던 사명처럼 강한 두려움을 느끼게 하는 부르심이 있다. 우리는 이런 부르심에 '불가능'이라는 이름을 붙여야 할지 모른다. 그 앞에 서면 떨고 두려워하며 침묵하거나 멈춰 서게 된다. 그러나 진정 하늘의 부르심이라면 하나님께서는 그분 자신을 우리에게 계시하신다.

그리고 '우리 마음의 눈을 밝히사 그의 부르심의 소망이 무엇이며 그의 힘의 위력으로 우리에게 베푸시는 능력의 지극히 크심을 알게 하신다'(엡 1:18,19). 그럴 때 우리는 이 부르심의 성취가 하나님으로 비롯된다는 걸 깨닫고 순종하게 된다.

이 부르심을 선택하고 완수하기까지 인간의 편에서 굳이 답을 내릴 필요가 없는 것들은 그저 공란으로 남겨두는 게 나을 수도 있다. 수많은 '어떻게'의 질문들 말이다. 이것들에 욱여쌈을 당할 때 홍해 가운데 길을 내신 하나님을 묵상하자. 그 깊은 바다에 발을 디딜 믿음만 있다면 길은 반드시 열린다.

바람을 기다리는 시간

부르심의 목적과 방향을 이해하고 순종하는 것과 다르게 하나님의 때를 구하는 것은 또 다른 차원의 믿음이 요구된다.

교회 개척의 사명을 받았을 때, 나는 오랫동안 하나님의 때를 구하며 영혼의 침묵을 지키고 영혼의 다른 활동을 멈췄다. 적당히 힘을 빼는 시간이었지만, 완전히 긴장을 풀지는 않았다.

일본의 유명 작가인 이츠키 히로유키는 그의 책 《타력》에서 '나 이외의 눈에 보이지 않는 커다란 힘이 내 삶의 방식을 떠받치고 있다'라는 겸허한 인식이 이 시대를 살아가는 우리에게 가장 필요하다고 말한다. 그는 눈에 보이지 않는 저편의 힘을 '타력'이라 명명하며, 이 타력을 의식하는 것에서 인생의 비상시를 살아가는 태도를 갖출 수 있다고 한다.

엔진이 없는 나룻배에 바람조차 불지 않으면 나룻배는 움직이기를 포기해야 한다. 우리 인생에도 이런 시간이 있다. 어디서도 바람이 불어오지 않고 정적만이 감도는 오랜 침묵과 기다림의 때. 그 시간에 무얼 할 것인가? 바로 타력을 의식해야 한다.

이때 자력은 아무것도 하지 않고 무력함에 빠져있는 것이 아니다. 자력은 타력을 알아차리기 위해 필요하다. 나룻배 위에서 오로지 바람을 의식하는 사공처럼 말이다. 돛을 내리고 졸고 있는 사공은 바람이 불어올 때 물길을 낼 수 없다. 바람이 불지 않을 때조차 바람의 '낌새'를 보느라 하늘을 주의 깊게 살피는 '기다림의 노력'이 필요하다. 이츠키 히로유키는 말한다.

"바람이 없어도 굴하지 않고 가만히 바람을 기다리며 언제라도 바람에 대응하는 긴장감."

이처럼 바람을 의식하며, 바람이 언젠가 불어온다는 강한 신념을 지속시키는 것이 자력에 얽매이지 않고 타력을 의식한 삶의 태도라고 말한다.

이 책은 불교적 사상에 영향을 받긴 했지만, 저자가 타력과 자력을 논할 때 나는 이것이 하나님의 때를 기다리는 믿음의 태도와 흡사하다고 생각했다. 하나님의 때를 기다리는 시간은 '무력한 시간'이 아니다. '오로지 타력을 의식하는 자력의 시간'이자 '가만히 바람을 기다리며 언제라도 바람에 대응할 수 있는 긴장감'이 필요한 시간이다.

인생은 바람의 때를 기다려야 한다. 하나님이 불어주시는 바람을 의식하고 때에 맞게 노를 젓는 믿음의 반응이 필요하다. 바람이 불지 않는 나룻배에 자력의 한계가 여실히 드러나듯이, 노만 열심히 젓는다고 전진하지 않는 게 인생이다.

하나님께서는 내게 교회 개척을 앞두고 오직 이 바람을 의식하는 힘을 기르라고 요구하셨다. 우리가 '무엇을 하느냐'에 못지않게 과정과 방식도 하나님의 뜻을 철저히 따라야 순종이 완성된다. 특히 하나님의 시간표를 따르는 일은 그분의 주권을 전적으로 인정하는 가장 중요한 훈련이다.

나는 결정을 내릴 때, 하나님의 뜻을 분별하기 위해 주변에 신뢰할 만한 중보자들의 기도 응답이 동일한지 신중하게 확인한다.

그중 김하중 장로님은 그간 내 사역에 지속적인 기도와 멘토링을 해주시며 중요한 때마다 결정적인 기도 응답을 확인시켜주신 분이었다. 나는 하나님이 쓰시는 시대적 리더의 혜안을 통해 인생을 항해하는 지혜를 배울 수 있었다.

교회 개척의 부르심을 받았을 때도 나는 장로님을 찾아뵈어 응답을 확인받고, 하나님이 원하시는 때를 분별하는 기도를 요청드렸다. 장로님은 계속해서 '안식'을 권하셨다. 그때 내가 배워야 할 태도는 '전력'이 아니라 '안식'이었다.

"지금 어떤 것도 잘하려고 하지 마세요. 아무것도 하지 마세요. 쉬어요. 많이 먹어요. 그냥 잘 먹고 잘 쉬면서 기다리세요."

하나님은 덜 익은 감을 따시지 않는다. 입에 떫고 쓰기 때문이다. 훌륭한 농부이신 하나님은 그분의 정확한 타이밍에 믿음의 결실을 보신다. 그분은 적절한 수확기를 놓치거나 서두르는 법이 없으시다. 그 결실을 위해선 오직 '온전한 신뢰'가 무르익어야 했다.

당시 나는 영화 〈라라걸〉을 보았다. 2015년 호주 멜버른 컵 우승자인 미셸 페인의 실화를 바탕으로 만들어진 이 영화는 내 긴 기다림의 훈련에 특별한 영감을 주었다.

호주 멜버른 컵은 1861년 개최된 세계 최고의 경마 대회다. 기수들은 3,200미터 코스를 단 2분 안에 질주해야 하는데, 미셸 페인은 이 대회 역사상 155년 만에 첫 여성 기수로서 우승컵을 거머쥐었다. 그녀는 수많은 편견과 불평등을 이겨냄과 동시에 7번의 낙마와 17번의 골절을 겪어가며 승리했다.

이 성공 신화는 누구에게나 충분한 감동을 선사하지만, 내게 특별한 울림을 준 건 그녀가 아픔을 극복했던 과정과 그녀를 훈련한 아버지의 깊은 통찰이었다.

사실 말은 그녀에게 트라우마 자체였다. 그녀의 엄마와 친언니가 낙마 사고로 목숨을 잃었고, 그녀 또한 수차례 낙상해서 또다시 사고가 나면 목숨을 잃거나 전신마비가 될 위험에 처해있었다. 이런 상황에서 그녀는 대체 말 위에서 무엇을 얻고자 했던 걸까?

그녀가 말에 다시 올라타는 건, 그 아픔을 딛고 서는 일이었다. 두려움을 정복하는 거였다. 단순히 성공을 향한 집착이 아니었다. 미셸의 아버지는 딸을 오랜 시간 훈련했다. 그의 특별한 가르침이 딸에게 특별한 동기를 심어주었다는 생각이 들었다. 그 가르침은 이러했다.

"말은 폐로 달리고, 심장으로 버티고, 기질로 이긴다고 한다. 결국 이기는 것은 기질 덕이다."

그렇다면 승리에 필요한 결정적 기질은 무엇일까? 그것은 '인내'다. 속도가 아닌 인내심. 그러니 경기의 전략은 결국 타이밍이었다. 기수가 말을 타고 달릴 때조차 속도로 승부를 내는 게 아니라 타이밍을 노려야 한다는 거다.

처음부터 끝까지 전력으로 달린다고 승리하는 게 아니다. 말마다 지치는 시점이 달라서 어느 순간 말들 사이에 갑작스러운 틈이 발생한다. 그 틈이 보일 때 타이밍을 놓치지 말고 속도를 올려야 한다. 미셸의 아버지는 이때를 가리켜 "비로소 주님이 말씀하시는 때"라고 말한다. 주님이 말씀하시는 바로 그때가 속도를 올리고 젖 먹던 힘과 영혼까지 끌어올릴 타이밍인 것이다.

우리는 누구나 인생의 트랙 위에서 자기 능력과 속도를 증명하고픈 유혹을 느낀다. 그러나 성급하게 속도를 내거나 치고 나갔다가는 쉽게 페이스를 잃고, 승부에서 밀리고 만다.

나는 이 영화의 마지막 장면에서 전율했다. 하나님께서 내게도 동일하게 말씀하시는 것 같았다.

"'바로 이때다'라고 할 때까지 기다려라."

여섯 걸음

그때 틈이 생긴다. 순종의 틈. 이때 우리는 이 틈을 비집고 주님께 순종해야 한다. 순종에 전력을 다해야 한다. 영혼까지 끌어올려 전부를 걸어야 한다. 이것은 하나님의 주권을 인정하는 가장 중요한 훈련이자 승리를 위한 가장 결정적인 전략이기도 하다.

나는 기다렸다. '바로 이때다'라는 하늘의 음성이 들려오기까지. 바람만을 의식하며 돛을 올리길 기다리는 사공처럼 나룻배 위에서 하늘을 바라보며 지냈다. 그 기다림은 1년 2개월간 지속됐다.

chapter five

이제 가야 할 길

♦ ♦ ♦ ♦ ♦ ♦ ♦

과연 적기는 언제인가

어느 날 기도하다가 하나님의 때가 임박했음을 직감했다. 그래서 더더욱 기도했다. 하지만 때마침 코로나 재유행으로 행정 명령이 떨어졌고 예배가 다시 폐쇄되었다.

한 치 앞을 알 수 없는 상황, 팬데믹의 공포와 절망이 사회 전반에 퍼졌고 다시 집합 금지 명령이 떨어진 교회는 패색(敗色)이 짙었다.

그런데 그때 사인이 떨어졌다. 하나님께서 말씀하셨다.

'바로 이때다.'

오랜 기다림 끝에 받은 하나님의 응답은 당황스러웠다. 종교 행사가 심각한 사회적 반감을 일으켰고, 예배를 위해 성도들이 함께 모이는 것 자체가 시민 의식과 도덕적 책임감이 결여된 행동으로 평가될 때였기 때문이다. 주변에서는 애정 어린 조언을 많이 해주었다.

'교회 문을 닫아야 하는 상황에서 새로운 교회를 연다는 게 말이 되니?'

'개척하더라도 이때가 지나가길 기다리는 게 맞지 않니?'

'만약 교회 문을 열었는데 팬데믹으로 모일 수 없는 상황이 지속되면 어쩌려고 그러니? 누가 새로운 교회에 오려고 하겠어?'

다 맞는 말이었다. 팬데믹의 상황과 법적 명령은 통제 가능한 범위 밖의 문제였다. 바이러스의 집단감염을 무슨 수로 예측하고 손쓰겠는가. 더욱이 이로 인한 사회적 인식 변화나 성도들의 정서적 문제도 컸다. 개척을 하더라도 적기를 기다려야 한다는 말이 여러모로 맞았다. 하지만 현실과 상식을 합리적으로 조율하다 보면 한 가지 의문이 남았다.

'그렇다면 과연 적기는 언제인가?'

부르심을 의식할수록 답은 명확했다.

'하나님이 이때라 하신 때.'

나는 하나님께 거듭 여쭈었다.

'좀 더 기다릴까요?'

'아니다, 이때다.'

나는 의아했다.

'왜 하필 이때 교회 문을 열라고 하실까?'

그러자 예배 단에서 늘 드렸던 기도가 떠올랐다. 그것은 '재난 속에서도 부흥을 외칠 수 있는 사람'으로 살길 원한다는 울부짖음이었다. 어쩌면 이 부름은 그 기도의 응답인지도 몰랐다.

재난의 때에 나는 외쳐야 했다. 아무도 부흥을 기대하지 않는 이때 부흥을 꿈꾸는 것이 나의 부르심이었다. 아무도 부흥을 구하지 않을 때 부흥을 목청껏 외치는 게 내 부르심이었다.

나는 이 응답을 받고 김하중 장로님께 연락을 드렸다. 더블 체크를 위해서였다. 그간 장로님은 1년 넘게 오로지 안식만을 권고하셨었다. 하지만 나는 예감했다. 이번엔 다를 거라고.

수화기 너머로 장로님의 부드러운 음성이 들렸다.

"이제 하면 됩니다. 하나님이 축복하실 것입니다."

믿음의 오조준

자, 이제 때가 왔다. 믿음의 용기를 발휘할 시기였다. 이때 내게 중요한 통찰을 준 것이 있었는데, 당시 올림픽 경기에 출전한 양궁 국가 대표 선수들의 인터뷰였다. 한 기자가 물었다.

"바람이 심하게 불거나 비가 쏟아지는 날, 활이 과연 과녁을 향할 수 있을까 싶은 심한 저항 속에서 활을 쏘는 방법이 따로 있나요?"

그러자 선수들이 '오조준'에 대해 말했다. 오조준이란 기후 등 주변 환경을 고려해서 고의로 '틀리게' 조준하는 방법이다. 비가 오면 대개 화살이 7미터 정도를 날아가면서 비의 무게에 방향이 쳐진다고 한다. 그래서 그 무게를 감안해서 조준점을 과녁 위쪽으로 옮겨 발사하는 것, 곧 애초에 일부러 틀리게 겨냥하는 방법이다.

그때는 과연 누가 더 과감하게 오조준을 하느냐, 오조준에 모든 걸 걸고 쏘느냐가 승부의 관건이 된다. 짐짓 겁을 먹고 소심해지거나 자신을 믿지 못하면, 화살은 비바람을 이기지 못하고 잡아먹히고 만다.

선수들은 양궁이 거센 비바람 속에서 자신을 믿고 '과감하게 틀려야' 이기는 스포츠라고 했다. 그래서 어떤 저항에도 흔들림 없이 과감하게 틀리기 위해 강도 높은 정신력 훈련을 한다고 덧붙였다.

이 이야기를 들으며, 지금이 내 인생에서 '믿음의 오조준'을 해야 할 때임을 직감했다. 과녁은 분명하지만, 저항이 거세다. 비바람의 무게가 화살에 어떤 영향을 줄지 아무도 모른다. 예측할 수 없는 움직임이 화살을 방해한다. 점점 더 거세지는 비바람이 나의 내면을 흔들어 놓는다. 이때 필요한 건 '믿음의 오조준'이다. 현실과 상식에 대해 과감하게 틀려야 믿음에선 이긴다. 보이지 않는 길 위에 과감한 한 발을 내딛고, 어떤 대가 지불이든 감당하리라는 각오를 해야 승자가 될 수 있다.

나는 그분의 약속을 믿고 활시위를 당겼다. 부르심을 향해 화살을 쏘았다. 비바람에 잡아먹히지 않기 위해 과감하게 오조준하며 믿음의 한 발을 디뎠다.

여섯 걸음

'안녕'이라는 마지막 인사

교회에 사임 의사를 표했다. 첫사랑과 같은 교회에서의 기억이 스쳐 지나갔다. 이 기억은 곧 그리움이 되었다. 그리고 삶의 일부가 썰물처럼 빠져나가는 듯한 엄청난 상실감이 밀려왔다. 사랑하는 모든 것에서 뒤돌아서는 느낌이었다.

어떤 이유건 이별은 쉽지 않다. 나는 그간 누려온 일상과 삶의 안정성에 결별을 선언했다. 이제는 홀로 걸어가야 했다.

이재훈 담임목사님을 만나 뵙고 기도를 받았다. 목사님은 늘 그러셨듯 온유하고 넓은 아량으로 대해주셨다. 목사님의 균형 잡힌 목회관은 온누리교회의 사역을 통해 보고 배운 날카로운 목회 감각이었다. 목사님의 마지막 배려와 격려를 통해서도 난 마지막까지 훈련된 영성을 배울 수 있었다.

목사님 방에서 나와 한 발 한 발 계단을 내려올 때마다 현실이 몰려왔다. 나는 생각했다.

'마침내 유브라데 강을 건넜구나. 하란에 멈춰있던 아브라함이 약속의 땅을 향해 가는 것처럼. 그러나 영영 돌아오지 못할 강을 건넜다.'

두려움이 엄습했다. 돌이킬 수 없는 선택이라는 사실이 큰 압박감을 주었다. 오늘을 기점으로 모든 것이 이전과 같아질 수 없다는 게 얼마나 무섭고 긴장되는 일인지. 나는 이별의 시간을 매듭지으며 며칠간 극심한 상실감에 시달렸다. 하지만 활시위는 당겨졌고 화살은 날아갔다. 이 선택은 정확한 과녁으로 쏘아 올린 화살 같았다. 나는 믿어야 했다. 이 약속을, 이 부르심을.

가장 응축된 힘이 필요한 개척의 시작 단계에서 한 치 앞을 모르는 사회적 상황과 지금껏 동고동락한 공동체를 생각하면 마음이 복잡했다.

사임 인사 후 공동체 안에서 지속적으로 지도력을 갖는 게 여러모로 교회에 유익이 되지 못할 것 같아서 담임목사님께 사임 의사를 전한 후 정리의 시간을 최대한 단축시켰다. 그래서 공동체 예배자들은 갑작스럽게 내 사임을 직면해야 했다. 공동체 내부 소식을 모르는 유튜브 채널의 예배 시청자들은 마지막 예배에서 사임 소식을 듣고는 여러 방법으로 내게 심경을 전해왔다.

그동안 함께 예배를 꿈꿀 수 있어서 너무나 행복했고 고마웠던 예배 동지들에게 마지막 메시지를 남기고, 나는 온누리교회 공동체를 떠났다.

청년 시절에 우리가 받을 수 있는 가장 위대한 가르침은 무엇인가? 그건 바로 그리스도를 갈망하는 마음이다. 나는 이 갈망을 청년들에게 주고 싶었다. 이 갈망을 배운다면 우리는 인생의 비밀을 소유하게 된다. 자신의 변화뿐 아니라 수많은 변화를 이끌어낼 수 있는 비밀을.

그리고 그들에게 주고 싶은 한 가지가 더 있었다. 그것은 바로

'부르심 하나로 떨리는 가슴'이었다. 부르심이란 말만 들어도 가슴이 떨려야 한다. 하늘로부터 온 이 위대한 부름을 결코 하찮게 여기지 말아야 한다. 세상으로부터 무엇을 어떻게 배웠든지, 세상이 성공에 대해 무엇을 말하든지, 실패로 얼룩진 인생이라 할지라도, 우리는 이 부르심을 향해 다시 달려가야 한다.

진정한 성공은 '부르심의 완수'에 있다. 우리 각자의 결승선에서 다시 만나자. 그때 힘찬 영광의 박수를 주님께 올려드리자. 매번의 예배가 그렇게 시작되었듯이.

인생의 하프타임

하프타임이 주어졌다. 쉼 없이 달리던 경주에서 잠시 이탈해 재충전할 기회이기도 했다. 개척이 본격적으로 시작되면 이런 기회는 없을 것 같았다. '네가 쉴 수 있는 기회는 이때뿐'이라는 말이 맞았다. 충분한 쉼이 강제된 시간이었다. 하지만 하나님이 말씀하신 "이때"가 단순히 내 안식과 재충전을 위한 것만은 아니라고 생각했다. 이때, 무언가를 열어젖혀야 한다는 부담이 밀려왔다.

내 인생에서 지금밖에 할 수 없다고 생각되는 일 때문에 순종의 타이밍을 놓칠 순 없었다. 하나님이 요구하신 이 순종 또한 지금밖에 할 수 없으니까. 누군가는 내게 조언했다.

"네 사회적, 존재적 공백을 불안해하는 거 아니냐? 그건 건강한 영성이 아니다."

맞는 말이다. 하지만 내게 해당하는 말은 아니었다. 나의 불안은 순종을 지체하는 것으로 인한 불안이었다. 하나님의 부르심에 순종의 틈이 생겼고, 나는 그 틈을 비집고 들어가야 했다.

하나님이 쉬라고 하셨으면 편하게 쉬었을 거다. 나라고 왜 쉬고 싶지 않았을까. 나는 간절하게 아무 생각 없이 있을 시간이 필요했다. 그동안 너무 많은 걸 생각하느라 지쳐있었다. 개척과 동시에 이전으로 돌이킬 수 없는 새로운 책임감이 부여된다는 사실만으로 두려웠다.

하지만 분명 하나님께서 내게 다른 부름을 주시는 것 같았다. 그건 '새로운 교회'에 대한 부름이었다. 하나님이 "이때다"라고 하신 건 단지 기존 교회를 떠나는 시간만이 아닌, 새로운 교회의 문을 여는 시간이기도 했다. 그 시간은 하필 많은 교회가 문을 닫아야 하는 때였다.

나는 충분히 쉬어야 한다는 주변의 만류와 나 자신의 간절한 필요에도 불구하고 고작 6주를 쉬었다. 그마저도 새로운 사역에 대한 구상과 공간과 장비 물색으로 채워졌다. 비록 충분히 쉬지 못했지만, 하나님 안에서 밀도 있는 쉼이 되기를 기도했다.

이 시기에 나를 정서적으로 지지해준 분들의 얼굴이 떠오른다. 규장 출판사의 여진구 대표님은 꽤 오랜 시간 동안 나의 사역적 비전을 공유하고 함께 꿈꾸고 기도하던 리더다. 땅속 광물을 찾는 집요한 채굴자처럼 척박한 시대에 하나님의 메신저를 찾기 위해 끊임없이 무언가를 발굴해내려는 그의 의지는 나를 늘 흥분시켰다.

처음 개척 소식을 알렸을 때, 여 대표님은 '이제 연락 올 때가 됐는데…' 하고 있었다며 대번에 "너무 잘했다!"라고 말씀하셨다. 손뼉이 부딪치듯 이 말 한마디가 내 비전에 박수 소리를 내게 했다.

여 대표님의 호쾌한 기대감은 큰 에너지가 되었다. 이는 단지 형식적인 격려나 인간적인 지지가 아닌 하나님이 하실 새 일에 대한 흥분과 열정이었다. 나는 이렇게 꿈꾸고 기도하고 파고들고 확장하고 과감하게 시도하는 사역자들을 보면 큰 동력을 얻는다. 그 분의 지지와 격려는 동역의 기쁨을 샘솟게 했다.

또한 이 시기에 뜻밖에 다가온 잊지 못할 사랑이 있었다. 온누리교회에서 사역하다 목양교회를 담임하시게 된 공진수 목사님과의 만남이었다. 목사님과는 온누리교회에서도 여러 차례 함께 예배했고, 또 나를 그 분의 사역지로 불러주셨었다. 그런데 내 사임 소식을 듣고 선뜻 자리를 마련해주신 거였다.

이 시기, 이 만남에서 얻은 격려는 두고두고 잊을 수 없는 온기를 전해주었다. 내가 의식하지 못한 순간에도 나를 지켜보며 내 비전이 구체화되고 끝내 실현될 수 있도록 가야 할 길을 함께 고민해주는 멘토링의 든든함이 있었다.

거친 물살 위에 한 발을 내딛는 내게 목사님은 손수 평평한 디딤돌 하나를 발아래 놓아주셨다. 상상해보라. 급물살에 첫발을 담그려는데 누군가가 디딤돌을 놓아준다면? 이것이 동행이 아니고 무엇일까. 동역이 아니고선 무엇으로 표현할 수 있을까. 목사님과 나는 각자의 목회지에서 각자의 사명을 감당하고 있지만, 이 길 위에서 따뜻한 동행과 든든한 동역을 계속하고 있다.

결정적인 동역의 축복으로 장유미 전도사님을 빼놓을 수 없다.

개척을 고민하던 시기에 중보자 권사님으로부터 연락이 왔다. 몇 년간 나를 위해 기도하는 분이 있는데, 셋이서 함께 차 한잔하면 어떻겠냐는 권유를 받고 나는 약속 장소에 나갔다. 첫 만남이었음에도 하나님께서 뜻밖에 교회 개척에 대한 비전을 나누라는 마음을 주셨다.

당시 내가 부목사로 섬기던 교회를 출석하는 두 분에게 차마 개척의 계획을 말할 순 없었다. 하지만 하나님께서 거듭 나누라는 마음을 주셔서 난데없이 비전을 나누게 되었다.

놀랍게도 장유미 전도사님은 이틀 전에 나를 위해 기도하면서 '원 목사가 교회 개척을 기도하고 있고 내 뜻을 기다리고 있다. 너는 그를 도우라'라는 마음을 받았다고 했다. 그러면서 전도사

님은 내 입을 통해 이것을 확증해달라는 기도를 드리고 만남의
자리에 나왔다고 했다.

나는 언제나 내 비전과 사역을 감당하기 위해 단연 중보자의
필요성을 뼈저리게 느낀다. 너무 바빠서 기도할 수 없을 때, 내가
활과 검을 들고 적진으로 뛰어들어야 하는 실전 상황에서 누군가
나를 위해 기도의 후방 지원을 해준다면, 영적 사역에 완벽한 하모
니를 이룰 수 있으리라 생각했다. 그래서 오로지 이런 기도의 노
동을 감당할 사람을 공개 모집한다고 우스갯소리를 하곤 했다.

기도가 예배와 사역의 실제적인 동력이자 전술이라는 건 이론
이 아니다. 이 영적 노동이 교회 사역의 실체가 되기를 바란다. 우
리의 싸움은 육에 속한 것이 아니기 때문이다.

나는 그날의 만남에서 하나님이 새로운 교회를 위해 기도 중보
자를 오래전부터 구별하셨다는 사실에 감격했다. 이 만남을 통
해 앞으로도 영에 속한 것을 함께 보고, 맞서고, 짊어지고, 신음
하는 동역의 신비를 느끼며 교회를 섬기길 소망했다.

아무도 가보지 않은 길

짧은 쉼이었지만, 나는 새로운 교회의 구체적인 밑그림을 그렸
다. 교회 이름은 '포드처치'(POD, Parade of David의 약자)로 이 시대
다윗의 행렬을 이어가는 교회를 꿈꾸며 지었다.

2020년 2월 23일 오후 9시 19분, 동생과 나의 채팅창에는 다음과 같은 내용의 공지 사항이 등록되었다.

"다윗의 행렬을 이어가는 예배자. POD, Parade of David."

그날 주일 예배 강단에서 '거절된 구경꾼의 삶'이란 제목으로 다윗의 예배에 관한 말씀을 전하던 중 하나님의 특별한 기름부음을 느꼈다. 내 평생을 관통하는 비전과 사명에 관한 통찰을 부어 주셨다. 그리고 그날 밤 예배의 은혜를 나누다가 기록해두었다.

당시엔 이것이 내 인생을 관통하는 비전일 뿐, 이 이름으로 교회 개척을 하게 될 줄은 꿈에도 몰랐다. 그런데 막상 교회의 비전과 목적을 정리하다 보니 결국 이것이 내가 꿈꾸는 교회의 명확한 정체성이었다.

'퍼레이드 오브 데이비드'(Parade of David)는 사무엘하 6장에서 다윗이 유다 변방에 방치되었던 하나님의 법궤를 예루살렘으로 옮기는 행렬을 가리킨다. 이 시대에 다윗의 예배를 재건하길 원하는 예배자들의 행렬. 생각만으로 가슴이 뛰었다.

새로운 교회의 예배 장소가 결정되자마자 '40일 땅 밟기 기도'부터 시작했다. 기도의 동역자들이 예배 처소를 아침저녁으로 밟으며 함께 기도했다.

이 시기에 주변에선 교회 개척에 관한 현실적인 조언을 많이 해주었다. 교회 조직을 세우기 위한 다양한 매뉴얼과 체계를 제시했다. 때마침 아버지는 44년의 목회 생활 끝에 원로가 되셨고, 노회장까지 지내시며 교계의 정치적인 활동을 하셨으니 얼마나 해주실 말씀이 많았을까. 아버지의 조언은 정말 귀했다. 하지만 나는 그것을 철저하게 거부하고 싶었다(이런 내가 얼마나 고집스럽고 답답했을지 죄송스러울 따름이다).

나는 주변에서 건네는 경험과 관록과 노하우를 녹여낸 조언들에 일단 귀를 닫았다. 개척하려면 이것부터 필요하다며 건넨 많은 충고들을 외면했다. 왜냐하면 나는 철저하게 백지상태여야 했다. 하나님의 꿈을 그리기 위해 하얀 캔버스 위에 설 필요가 있었다. 그때 느끼는 완전히 새로운 창조력에 대한 막막함, 두려움, 설렘을 모두 느끼며 하나님의 꿈을 순수하고 거침없이 그려보고 싶었다. 제도화된 패러다임과 프레임, 매뉴얼에 얽매이고 싶지 않았다. 게다가 16년간 대형교회 예배 사역을 해오면서 기존 질서나 관료적이고 굳어진 관념으로 예배를 대하던 태도에 신물이 나있었다.

어떤 조직이든 체계가 잘 갖춰지면 위험이 따른다. 바로 마음의 실종과 본질의 부재다. 마음 없이도 체계에 기대면 뭐든 그럴 싸해 보이는 게 문제다. 본질이 빠져도 흉내를 낼 수 있다는 게 문제다. 아무것도 없을 때 무엇에도 기대지 않는 경험은 매우 중요하다. '이것 하나면 되는구나'의 '이것'을 먼저 찾아야 한다. 우리는 그때 배울 수 있다. 과연 본질이 무엇인지.

교회의 다양한 조직과 사역들을 구성하면서 다른 교회에서 샘플을 찾아본 적이 없다. 우리에겐 교회의 성공 사례가 필요한 게 아니었다. 모범 사례는 어디에나 있다. 하지만 중요한 것은 이 교회의 부르심이지 성공 사례의 분석이나 좋은 샘플의 모방이 아니었다. '다른 교회는 이렇게 하더라'라는 접근은 나에게 전혀 자극이 되지 못했다. 이 시기 나의 질문은 훨씬 더 내부적으로 파고들었다.

　'나의 필생의 사명은 무엇인가?'

　'오직 나만이 주님을 위해 드릴 수 있는 건 무엇인가?'

　'우리 교회의 고유한 부르심은 무엇인가?'

　'마지막 시대에 이 교회가 주님을 어떻게 섬길 것인가?'

　'그렇다면 나는 무엇을 해야 하는가?'

　　나는 정말이지 이제껏 교회가 가보지 않은 길, 목사가 추구하지 않던 목회를 해보고 싶었다. 이것은 단순히 새로움 그 자체를 추구하겠다는 게 아니다. 오히려 철저하게 익숙한 본질만 추구하기에 완전히 새로울 수 있다는 역설이다.

　　교회를 교회 되게 하는 본질만 담고 싶었다. 일단 그렇게 시작하면, 부차적인 건 채워나가면 될 일이었다. 차츰차츰 해도 된다. 본질이 확실한 힘을 갖기 이전에 다른 것들을 함께 세워놓느라 힘이 분산되면 안 된다. 가장 중요한 걸 덜 중요한 것 때문에 희생시키면 안 된다. 중요한 걸 지키기 위해서는 덜 중요한 것들에 무심할 필요가 있다. 적어도 시작은 그렇게 해야 한다고 생각했다. 처음부터 원숙할 필요도 없었다. 조금 서툴고 미숙해도, 부족해 보여도 괜찮았다. 어설프더라도 이때만 할 수 있는 순수한 시도들을 해보고 싶었다. 길들여지고 노련해지면 사라지는 설렘과 긴장이 팽팽한 한 발을 내딛고 싶었다.

그러기 위해 내가 꼭 해야 하는 일은 완벽을 추구하는 일보다 떨리는 가슴으로 아무도 가보지 않는 길을 찾는 것이었다. 서툶은 오히려 시작의 특권이다. 다만 본질은 확고하다는 걸, 진짜 중요한 걸 타협 없이 붙잡았다는 것만은 증명해야 했다.

그렇다면 가장 중요한 것은 무엇일까?

살아있는 교회, 살아있는 예배

나는 이 땅에 수많은 교회가 있음에도 굳이 내게 새로운 교회의 문을 열라고 하시는 하나님의 마음을 알고 싶었다. 그분께서 새로운 교회를 원하시는 건, 그 교회만이 감당할 하나님의 요구사항이 있기 때문이다. 이 고민은 하나의 질문으로 향했다.

'이 시대 교회를 바라보시는 하나님의 고통은 무엇일까?'

기독교의 핵심은 살아계신 하나님과 생명력 있는 관계를 누리는 데 있다. 그런데 교회가 그 살아있는 관계의 능력을 잃어버리면 종교화되고 만다. 종교적 행위가 하나의 시스템이 되어 신앙

생활의 바퀴를 기계적으로 돌리고, 어느 순간 자동화된다.

종교화된 신앙은 신앙의 대상을 향한 관심을 잃게 만든다. 예를 들어, 고사(告祀)를 지내는 사람에게 "누구한테 고사하는 건가요?"라고 물으면 이렇게 되묻는다.

"조상님 아니에요?"

이는 누구에게 빌든 중요하지 않다는 거다. '내가 정성을 다하면 누군가는 들어줄 거다'라는 막연한 믿음으로 순전히 내 행위와 정성만이 관심 대상이 된다. 비는 대상을 향한 관심은 사라지고, 일방적인 제의(祭儀)만 남는다. 이게 바로 종교 아닌가. 기독교 신앙과는 거리가 멀다.

이 시대의 예배와 신앙생활이 이처럼 종교화됐다. 하나님과 점점 멀어지고 그분의 영향력은 줄어들었다. 어느새 그분은 전혀 중요하지 않은 예배를 드리며, 그보다 우리의 신앙 규칙과 준수, 감정의 충족, 기도 응답만이 중요해졌다. 자기 백성에게 잊혀진 존재로 전락한 것, 이것이 하나님의 고통이었다.

이 종교화에 대한 인식은 나를 배제한 비판의식이 아니다. '모든 기성 교회의 문제'라며 꼬집는 것도 아니다. 신앙은 하나님을 잃어버리면 언제든 종교화된다. 믿음은 하나님과 살아있는 관계를 잃어버리면 언제든 종교화된다. 사역은 보이지 않는 실체에 대한 감각을 잃어버리는 순간, 금세 종교화된다. 나와 우리 교회도 마찬가지다.

여섯 걸음

살아있는 교회가 되기 위해서는 하나님과 살아있는 관계를 추구하면 된다. 본질은 사랑이다. 핵심은 사랑이다. 정작 하나님을 사랑하는 일을 제외하고 예배와 신앙을 논하지 않길 바란다.

사랑엔 언제나 특권이 있다. 내가 꿈꾸는 부흥은 결국 이 사랑의 특권이다. 하나님을 특심으로 사랑하는 자들에게 부어주시는 그분의 마음, 그것이 부흥이다. 이 타오르는 사랑에 응답하시는 그분의 불, 그것이 부흥이다. 그래서 이 부흥은 어떤 상황 가운데서도 제한받지 않는다. 구별된 사랑만 준비하면 된다.

예수님의 생애 대부분은 자신을 필요로 하시는 곳으로 향해있었다. 공적 사명을 위해서 말이다. 하지만 예수님이 사역의 수행 외에 개인의 안식과 쉼을 위해 종종 찾으신 곳이 성경 속에 등장한다. 바로 베다니였다. 베다니는 '벧 아니' 곧 '가난한 자의 집'이라는 뜻이다. 예수님은 심지어 필생의 사명인 십자가의 죽음을 눈앞에 둔 시점에서도 이 특별할 것 없는 장소인 베다니로 향하셨다. 왜 하필 베다니였을까.

비밀은 사랑에 있다. 그분이 가시려는 그 길은 오직 사랑으로만 갈 수 있는 길이었다. 십자가는 오직 사랑으로만 감당할 수 있는 것이었다. 그래서 그 길을 가기 위해, 그 고난의 잔을 받기 위해, 그 엄중한 대속의 사명을 감당하기 위해 그분은 자신이 사랑하는 자들 곁에 잠시 머무르셨던 것이다. 이것은 바로 예수님의 내적 필요였다.

나는 우리의 예배가, 우리의 교회가 그분에게 이 베다니 같기를 원한다. 나의 영혼이 그분에게 베다니 같기를 갈망한다.

그분을 향한 사랑이 여기 있어서 그분의 마음이 이곳에 있기를 원한다. 그분을 향한 순전한 사랑 때문에 그분이 이곳에 오시길 원한다. 이 땅을 굽어살피셨을 때 하나님을 경외함이 없는 시대 속, 이 패역한 세대 안에서도 그분을 순전하게 사랑하는 자들이 있는 곳, 그런 곳이 우리 예배이길, 우리 교회이길 원한다.

예배의 동력은 오직 이 사랑이 되어야 한다. 나는 하나님을 향한 사랑 때문에 오직 예배 하나만 생각하고 사는 사람들과 교회를 세우고 싶었다. 잘 갖춰진 조건과 형식을 초라하게 만드는 이 중심을 발굴하길 원했다. 하나님을 향해 꺼지지 않는 푸른 불꽃을 심장에 품고 사는 이들과 예배하며 그들에게 마중물을 콸콸콸 넘치도록 붓고 싶었다.

나는 사랑으로만 완성되는 예배의 생명력과 기름부으심으로 완성되는 사역의 창의성을 핵심 가치로 삼았다. 그리고 아무도 시도하지 않은 사역을 꿈꿨다.

나는 탁월한 예배를 위해 '예배 장인'(worship artisan)들을 키워내고 싶었다. 이것은 동생의 기획과 맞물려 포드 사역의 큰 축을 형성했다. 다양한 영역의 장인들이 창의적 예배를 세워나갔다. 예배의 영성이 예배의 예술을 지배하고, 이 시대 예술 영역에 빼앗긴 모든 아름다움이 하나님의 영광을 표현하는 데 쓰임 받길 원했다.

여섯 걸음

매주 살아있는 예배를 위해 어떤 것도 아끼지 않는 교회가 되고 싶었다. 예배의 구심력이 갖춰지면 사역의 원심력도 갖춰지기에, 살아있는 예배가 성도들 개인의 삶의 저력으로 확장되고 다양한 영역에 변화를 일으키며 영적 생명의 선순환을 이루기를 꿈꿨다.

이런 예배를 한 주 반짝 드리는 건 쉽다. 그러나 중요한 건 이것이 예배의 고정값이 되어야 한다는 거다. 하나님 앞에 꾸준한 태도와 마르지 않는 갈망으로 이 정성을 늘 기꺼이 구별하는 것 말이다. 이 갈망은 위로부터 부어주시는 기름부음으로만 유지할 수 있다. 이 성실을 지속시킬 수 있는 동력은 기도뿐이다. 그러니 성실한 기도가 뒷받침되어야 한다. 기름부음을 위한 기도가 그치지 않아야 한다.

예배와 기도는 언제나 한 쌍이다. 한쪽 심장이 뛰지 않으면 다른 하나도 금세 멈춰버린다. 하나의 불꽃이 꺼지면 다른 하나도 금세 사그라든다.

거룩한 낭비

나는 첫 예배를 세우기 위해 기도 모임부터 열었다. 이를 위해 예배 처소인 홀 전체를 대관했다. 하지만 임대료가 너무 비싸서 기도 모임을 하는데 굳이 홀까지 대관해야 하냐며 의아해하는 사람들이 많았다. 재정 부담을 느낄 필요 없이 온라인으로 기도

하자는 의견도 있었다.

하지만 하나님께서는 내게 '거룩한 낭비'를 말씀하셨다. 주님의 교회를 세우기 위해 무엇보다 기도의 기름부음이 필요한데, 재정을 써야 한다면 이런 데 써야 한다고 생각했다.

사람은 돈을 쓸 때 언제나 가치를 값으로 환산하려 한다. 그렇다면 기도를 위한 재정은 얼마를 쏟아부어야 적당할까? 기도 모임을 위한 홀 대관은 시작부터 큰 결단을 요구했지만, 목회의 재정 원칙을 세우기에 좋은 경험이었다.

3주간의 기도 모임을 마치고 나니 현실적인 문제와 복잡한 계산이 나를 괴롭혔다. 당장 한 번의 예배를 위해 구비해야 할 많은 장비와 물품 목록이 여기저기서 속출했다. 그나마 개척을 위해 십시일반 모은 헌금으로 대형 장비를 구입했지만, 남은 예산으로 산더미 같은 필요 항목을 갖추기에는 턱없이 모자랐다. 계산기를 두드리고 있자니 마음이 무거웠다.

'리더로서 이렇게 돈 생기는 대로 지출만 하도록 예산 경영을 해도 되는 걸까? 만일의 사태를 대비해서 적어도 교회 재정을 0이나 마이너스로 만들지는 말아야 할 텐데…. 지출이 전부인 초기 상태는 얼마나 지속되려나? 언제 우리 교회는 자립적으로 모든 비용을 감당할 수 있을까?'

머리가 아팠다. 그런데 그날 밤 하나님께서 내 염려를 꾸짖고 책망하셨다. 이스라엘 백성이 광야에서 하루치 만나에 의존해 살았듯이 한 걸음 한 걸음 주님께 의지해 살면 된다고 하셨다. 나는 곧장 재정의 염려를 회개했다. 그리고 하나님이 부어주시는 대로 아낌없이 그분이 중요하게 생각하시는 곳에 쓰겠다고 결단했다. 이는 리더의 무계획과 무책임도 아니고 경솔과 방종도 아니다. 공급자를 향한 전적인 신뢰와 의존이다.

이때 나는 재정 사용 원칙과 목적을 수립했다. 이것은 내가 꿈꾸는 교회의 아주 중요한 골자였다. 예산은 경영의 언어라고 했다. 나는 교회 예산이 무엇보다 사람을 키우는 데 쓰이길 바랐다.

그동안 예배 사역을 하면서 유난히 사람에게 재정을 쓰는 일에 거부감을 보이는 교회 생리를 이해하기 힘들었다. 장비는 사도 되지만 인건비는 주면 안 되고, 유형의 자원에 투자하는 건 투명한 예산 사용이라 인식하면서 교육비와 같이 무형의 자원에 투자하는 건 어딘지 꺼림칙한 사용처가 되는 이 인식을 뒤집고 싶었다.

교회는 사람을 키우는 데 예산을 쓸 줄 알아야 한다. 가능하다면 평신도 전문 사역자들이 먹고사는 일 때문에 교회 일을 할 여력이 없다는 말이 나오지 않도록, 그들의 탁월한 전문성이 예배 예술과 사역에 넘치게 부어지도록, 그래서 교회가 이 시대 예술과 시대정신까지도 장악하고 견인할 수 있도록 그들을 지원하고 싶었다.

이것은 아예 교회 사역의 지각판을 바꾸는 일일 것이다. 예술이 더 이상 세상 문화에만 봉사하지 않고, 장인들이 이제는 예배를 위해 재능과 감각을 쏟아붓는 일에 자신을 아끼지 않도록. 근본적으로 나는 교회 사역의 지각 변동을 일으키고 싶다.

내가 꿈꾸는 교회의 가장 중요한 핵심은 단연 예배와 기도다. 그다음을 꼽으라면, 기독교 인재를 세우는 일이다. 나는 사회 각 영역에 탁월한 크리스천 리더들이 서기를 원한다. 그리고 그들을 영적으로 세우는 일을 교회가 감당해야 한다고 생각한다.

아브라함 카이퍼는 세상의 모든 영역 가운데 그리스도께서 주인이 아닌 영역은 단 한 부분도 없다고 선언했다. 모든 영역에 하나님의 주권을 선언하고 그 영역을 주도할 각계각층의 리더들을 배출하는 교회가 되기를 꿈꾼다.

그러기 위해 다음세대에 관심을 기울여야 한다. '바로 지금', '다음'을 생각하지 않으면 안 된다. 물론 '지금 당장'을 준비하는 것만으로도 버겁지만, '지금'과 '다음'을 동시에 생각해야 살아남는다. 나는 포드처치가 다음세대에 신앙적 계승을 해나가는 교회가 되기를 바란다.

우리가 다음세대와 동일한 영성의 예배를 드리지 못한다면, 우리가 꿈꾸는 부흥은 한 시절 아름다운 추억으로 남을 뿐이고, 다음세대는 하나님을 알지 못하는 '다른 세대'가 되고 말 것이다.

사랑하는 일, 살아가는 일

교회의 창립까지 여러 실제적인 준비가 필요했다. 교단에 교회 등록을 하려면 사업자등록이 필요한데, 포드처치는 건물이 없었고, 주소지가 없으면 사업자등록이 어려웠다.

나는 세대를 초월해 '나의 동역자'라고 거침없이 말하고 싶은 장명근 장로님이 소유한 사무실 귀퉁이에 책상이라도 하나 놓고 집무실로 사용할 수 있는지 여쭤보았다. 교회 등록처를 나의 거주지보다는 따로 정하는 게 좋겠다고 생각했다.

그저 안 쓰시는 공간에 교회 거점이라도 정해두고 싶던 내 마음과 달리 장로님께선 흔쾌히 어머님이 사용하시던 사무실 공간을 빌려주셨다. 이 유형의 공간이 포드처치의 첫 거점이 되었다. 덕분에 교회 이름으로 사업자등록을 할 수 있었다.

나는 초기에 교회 건물을 임대할 생각이 전혀 없었다. 애초에 수립한 재정 원칙에 따라 공간에 대한 소유 심리나 안정성에 흔들리지 말자고 결단했다. 하지만 주일 예배를 위한 기도 처소만큼은 반드시 필요하다고 생각했다. 계속해서 기도가 쌓이고 임재가 부어지고 그 영적 영향력이 끊이질 않는 실제적인 공간을 말이다.

때마침 오랫동안 나를 위해 기도해주시던 멘토님이 내 개척 소식을 듣고 함께 기도하시던 권사님 한 분을 소개해주셨다. 그 분은 오래전에 자신이 소유한 건물 중 일부를 하나님나라를 위해 쓰고 싶다는 서원 기도를 올리셨다며, 매봉에 있는 한 사무실을 내주셨다. 덕분에 목회자와 간사 사무실과 포드의 영적 베이스캠프(PBC, POD Base Camp-포드 중보 모임)인 기도 모임 장소를 마련할 수 있었다. 권사님은 그곳에서 기도의 메아리가 들려올 때마다 더할 나위 없이 행복하다고 말씀하셨다. 이 행복이 나에게 또한 행복의 메아리가 됐다.

두 분의 섬김을 통해 두 개의 공간이 열렸다. 이것은 포드의 귀한 마중물이 되었고, 이제 우리는 끊임없이 물을 길어 올릴 것이다. 아니, 이미 시작되었다.

포드처치는 개척 1년 만에 1,2부로 나누어 드리던 940석 예배처소에서 수용의 한계를 느꼈다. 간절한 기도 끝에 하나님께서는 2,000명 수용이 가능한 처소를 열어주셨다. 개척 후 15개월이 지난 지금, 세계 각지의 글로벌 포드를 포함한 예배자 3,000명이 함께 예배하고 있다.

매주 이 기록은 갱신된다. 이 예배를 세우기 위해 각별한 사랑의 헌신자들이 새벽을 깨우며 이곳에 모여든다. 일주일간 교회가 아니었던 곳이 이 헌신 위에서 다시 교회가 된다. 이 사랑이 무형의 벽돌이 되고 이 섬김이 유형의 처소를 세운다. 한 번의 예배를 세우기 위한 땀방울은 이 교회의 야성이 되었고 그치지 않는 갈망을 위한 눈물은 이 예배의 기름부음이 되었다. 나는 교회를 위한 이 수고로움을 특권으로 아는 자들에게 그분의 임재가 아낌없이 부어질 것을 믿는다.

여섯 걸음

골방에서 드리던 나의 초라한 예배. 하나님은 그때 드려졌던 예배에서 무엇을 건져 올리신 걸까? 나의 어떤 갈망이 그분의 마음에 닿았을까? 나의 미약함과 비천함이 그분의 위대한 부르심에 응답했을 때, 하나님은 당신의 일을 시작하셨다.

내 심장 깊은 곳에서 불꽃처럼 타오르던, 예배를 향한 그치지 않는 갈망과 하나님의 임재를 향한 타는 목마름이 어느새 이 세대에 전이되고 있음을 본다.

그분을 사랑하고 끝없이 그리워하고 그래서 노래했을 뿐인데, 이 사랑이 위대한 꿈이 되고 마침내 교회가 되었다.

하나님을 위해 꿈꾸는 것은 무력하지 않았다.
하나님만 사랑하는 것은 결코 헛되지 않았다.
하나님을 사랑하는 일이 내가 살아가는 일이 되었다.
이것이 인생이 누릴 수 있는 최고의 영예임을 느낀다.

나의 사랑하는 교회가
이 시대의 나팔이 되기를 원한다.
이 시대의 등불이 되기를 원한다.

♦ ♦ ♦ ♦ ♦ ♦

여호와의 궤를 멘 사람들이 여섯 걸음을 가매
다윗이 소와 살진 송아지로 제사를 드리고
사무엘하 6:13

part two

Message

six steps

chapter one

선택받은 사람, 무엇이 다른가?

삼상 16장

♦ ♦ ♦ ♦ ♦ ♦

'마음'이 모든 걸 결정한다

일본의 '살아있는 경영의 신'이라 불린 고 이나모리 가즈오 회장은 놀라운 경영 신화를 창조한 것으로 유명하다. 그는 교세라를 창업한 이후에 많은 사람을 만났다. 그중에는 빠르게 성공했지만 한순간에 폭삭 망하는 사람도 있었고, 성공하기까지는 다소 오래 걸렸지만 끝까지 살아남는 사람도 있었다. 그는 이 둘의 차이를 이렇게 말했다.

"바닷속에 큰 기둥이 박혀있다고 상상해보세요. 수면 위로 그 기둥의 방향과 굵기가 보일 겁니다. 기둥이 어느 쪽으로 향하고 있는지, 그 굵기가 얼마나 두꺼운지 알 수 있겠죠. 많은 사람이 착각하는 것 중 하나가 이 수면 위로 보이는 것들을 바꿀 수 있다고 생각하는 거예요.

그러나 쉽게 바뀌지 않아요. 이것을 바꾸는 방법은 기둥의 뿌리를 움직이는 것입니다. 뿌리의 방향을 살짝만 바꿔도 수면 위로 보이는 것들이 자연스럽게 바뀔 겁니다. 여기서 수면 위로 보이는 것은 사람의 성격이나 성향을 나타내고, 기둥의 뿌리는 마음가짐을 나타냅니다."

즉, 마음가짐에 따라 성격과 성향이 결정된다는 거다. 그는 마음가짐이 바뀌지 않으면 성격이나 성향은 절대 바뀌지 않으며, 한순간에 망하는 사람은 이 마음가짐이 틀려먹었기 때문이라고 말한다.

또한 성격이나 성향이 뛰어나 보이지만, 큰 성공이 왔을 때 타락하는 사람들을 보면 그것이 연기였을 가능성이 크다고 한다. 반면 마음가짐이 수련된 사람은 절대 쉽게 무너지지 않는다. 연기가 아니라 본질이기 때문이다. 토대가 부실하면 무너지는 건 한순간이다.

고 이나모리 가즈오 회장이 90년간 살면서 깨달은 성공 비밀은 '마음가짐이 모든 걸 결정한다'라는 거였다. 라틴어 격언에 "일의 완성보다 일하는 사람의 완성이 중요하다"라는 말이 있다. '얼마나 탁월하게 일을 잘하느냐'보다 '그 일을 하는 사람의 인격과 성품과 마음의 동기가 온전하게 훈련되었는가'가 더 중요하다는 거다.

본문에도 두 사람이 등장한다. 성공을 빨리 이룬 것처럼 보였으나 빠르게 망한 사람과 더디고 느리게 가는 것 같았으나 하나님 앞에 선택받고 인정받은 사람, 바로 사울 왕과 다윗이다.

사무엘상 16장 첫 장면에서 하나님이 왕을 세우시는 기준이 제시된다. 사무엘 선지자 시대에 이스라엘 백성은 제사장이나 사사를 통한 하나님의 통치를 거절하고, 이방 나라들처럼 왕을 요구했다. 그들의 끈질긴 요구에 하나님께서는 그들이 원하는 대로 왕을 주셨다. 바로 사울 왕이다. 그러나 그는 지도자로서 합당하게 여겨지는 외적인 조건을 모두 갖추었음에도 빠른 성공 뒤에 금세 몰락했고, 하나님도 그를 버리셨다.

하나님도 사람을 버리신다. 그분의 자비는 무한하지만, 인자와 긍휼을 인생에서 거둬가실 때가 있다. 우리는 이에 대한 두려움을 갖고 살아야 한다.

1절을 보면, 사무엘이 자신이 기름부어 세운 왕에게 하나님이 그를 버리셨음을 최후통첩 한 후, 오래도록 기력을 찾지 못할 만큼 슬퍼했음을 알 수 있다. 그런 사무엘에게 하나님이 나타나 말씀하셨다.

"네가 그를 위해 언제까지 슬퍼하겠느냐?"

하나님은 이미 사울 왕과 일정한 거리를 두고 계셨다. 사울의 영향력의 잔재가 하나님의 왕국에 남아있는 걸 원치 않으셨다. 그분은 새로운 왕을 찾고 계셨다. 그리고 마침내 그분 마음에 합한 사람을 찾으셨다.

여섯 걸음

다윗을 왕으로 세우시고 증언하여 이르시되

내가 이새의 아들 다윗을 만나니

내 마음에 맞는 사람이라

내 뜻을 다 이루리라 하시더니 행 13:22

이 한 사람을 찾기 위해 하나님이 온 이스라엘을 직접 물색하셨다. 그리고 발견하셨다.

'오 다윗, 내 마음에 합한 사람!'

이 발견에서 하나님의 흥분과 흡족함이 느껴진다. 인생을 향한 하나님의 기쁨을 느낀다는 게 얼마나 가슴 떨리고 벅찬 일인가!

프레드릭 오웬은 그의 책에서 다윗이 역사에 등판하기 이전의 시대를 한 문장으로 묘사했다.

"사람들은 하나님으로부터 멀어져 있었다."

하나님을 잊고 멀리 떠나고도 삶은 계속됐다. 그러나 다윗만은 하나님의 마음에 닿아있었다. 아니, 그분의 마음에 꼭 들어맞았다.

부럽지 않은가? 왜 안 부러운가? 세상에서 성공한 인생, 돈 많고 잘나고, 소위 '결혼 잘한' 사람들은 부러워하면서 다윗을 향한 하나님의 평가에 부러움을 느끼지 않는다면 스스로 점검해봐야 한다. 당신의 인생이 무엇을 갈망하는지, 무엇이 되고 싶은 건지 말이다.

다윗은 하나님의 새로운 출발선이었다. 그래서 더욱 남다른 의미가 있었다. 하나님은 그분의 구원 역사의 새 출발선을 스스로 그으셨고, 그것은 한 사람으로부터 시작되었다.

이렇게 이스라엘의 내일을 책임질 새 왕이 등장했다. 하나님께서는 가장 높은 보좌에 앉았던 사람에게서 왕관을 취해 유다 족속 중에서도 가장 작은 베들레헴에 살던 한 사람에게 넘겨주셨다. 그리고 그를 전폭적으로 지지하셨다.

과연 다윗의 어떤 조건이 하나님의 선발 기준에 부합했는지, 하나님께서 다윗을 흡족해하시고 선택하신 이유를 본문을 통해 살펴보자.

Position이 아니라 Anointing

하나님의 선발 기준 첫 번째는 바로 'position'(지위)이 아닌 'anointing'(기름부음)이다. 사울에게는 왕관이 있었지만 기름부음이 없었다. 하나님께 버려진 후에도 그의 지위인 왕권은 유지됐다. 이를 통해 우리는 높은 지위와 권력을 소유한 사람이 하나님께 신임을 잃어버린다 해도 오랫동안 지위를 유지하며 사람들의 지지를 계속 얻을 수 있음을 보게 된다.

두려운 것은, 그의 몰락이 세상에 공개적으로 드러나기 한참 전에 그가 하나님께 비밀스럽게 버림을 받았다는 것이다. 이것이 우리가 겸손해야 하는 이유다. 교만하고 경솔하면 지금 하나님 앞에서의 태도와 선택이 나의 미래를 어떻게 바꿔놓을지 생각하지 않는다. 사울처럼 지금의 지위에 기대어 자기 체면과 인기를 지키기 위해 잘못된 방법을 선택하게 된다. 그리고 당장은 그 선택이 문제를 해결하는 것처럼 스스로 속는다.

하나님께서 이미 사울을 버리셨지만 백성들은 여전히 사울을 지지했다. 이건 그에게 기름부음이 지속되었기 때문이 아니라 백성들에게 하나님의 마음을 분별하는 영적 지각력이 없었기 때문이다. 이 진실을 아는 건 오직 사무엘뿐이었다. 하지만 결국 하나님의 마음은 안중에도 없이 그저 자신의 지위와 영향력을 고수하려던 사울의 선택은 그에게 참담한 미래를 안겨주었다.

그리고 사무엘은 하나님으로부터 새 왕에게 기름부으라는 명령을 받는다. 아마 이 명령은 그에게 또 다른 두려움이었을 것이다. 사무엘은 사울 왕의 측근으로 가까이에서 왕의 추락을 지켜봤다. 그래서 영적으로 이것이 얼마나 심각하고 중대하며 긴급한 위기 상황인지를 누구보다 잘 알고 있었을 것이다.

그는 하나님의 내일을 열기 위해 사울 왕의 눈을 피하여 베들레헴에 있는 이새의 집으로 갔다. 그리고 하나님이 예선한 사람을 찾기 위해 이새에게 아들들을 제사에 데려오도록 청했다. 이때 이새의 아들들이 1명씩 사무엘 앞을 지나갔다.

첫째 엘리압이 제일 먼저 지나갔다. 그는 외모가 아주 출중했다. 오죽했으면 사무엘이 그를 보자마자 '과연 여호와께서 기름 부어 세우시려는 사람이 여기 있구나'라고 생각했겠는가.

사무엘이 엘리압의 외모에 매혹되어 그에게 기름부으려 했다는 점에서 우리는 한 가지 명확한 사실을 확인할 수 있다. 이스라엘에서 하나님의 음성을 가장 선명하게 듣던 선지자조차 그 음성에 접속하지 않으면 인간적인 지각과 판단만으로 언제든, 얼마든지 오류를 범할 수 있었다는 거다.

게다가 사무엘은 용모가 준수하고 탁월했던 사울의 비참한 말로를 익히 알았음에도 과거로부터 얻은 중요한 영적 교훈을 엘리압에게 적용하지 못하고 순간적인 판단의 오류를 범했다. 사무엘도 이런 실수를 하는데 우리는 어떻겠는가?

사무엘이 엘리압의 외모에 압도당해 곧장 기름부으려 하자 하나님께서 즉시 막으셨다. 7절을 보자.

여호와께서 사무엘에게 이르시되

그의 용모와 키를 보지 말라 내가 이미 그를 버렸노라

내가 보는 것은 사람과 같지 아니하니

사람은 외모를 보거니와

나 여호와는 중심을 보느니라 하시더라

이때 사무엘이 무엇을 깨달았을까?

여섯 걸음

'아, 내가 보기에 아무리 좋아도 하나님이 보시기에 버려진 사람이 있구나.'

그는 이 과정을 통해 인간적인 기준과 하나님 기준의 극명한 차이를 알았을 것이다. 사실 하나님께서 애초에 사무엘에게 '이새의 막내아들 다윗에게 기름을 부으라'라고 하실 수도 있었다. 하지만 그러지 않으시고, 군이 이새의 아들들이 사무엘 앞으로 다 지나가기까지 하나님 기준에 부합하지 않은 일곱 번의 거부 과정을 모두 거치게 하셨다. 그 이유는 무엇일까?

바로 하나님의 선발 기준을 명확히 가르치시기 위함이었다. 그분은 사람의 외모가 아닌 중심을 보신다는 것 말이다. 탁월한 외적 조건으로도 대신할 수 없고, 훌륭한 연기로도 가려지지 않는 사람의 중심, 마음가짐 말이다.

일곱 번 예상이 빗나간 후, 사무엘은 그때부터 자신의 판단이 아닌 하나님의 음성에 모든 감각을 곤두세웠을 것이다. 그는 영적 민감함을 가지고 이새의 일곱 아들을 모두 지켜봤지만, 그중 여호와께서 택한 자는 없었다. 그래서 이새에게 묻는다. 11절을 보자.

사무엘이 이새에게 이르되 네 아들들이 다 여기 있느냐

이새가 이르되 아직 **막내**가 남았는데 그는 양을 지키나이다

사무엘이 이새에게 이르되 사람을 보내어 그를 데려오라

그가 여기 오기까지는 우리가 식사 자리에 앉지 아니하겠노라

이게 말이 되는가? 사무엘은 시대의 선지자였다. 그의 영향력이 얼마나 컸던지 그의 방문만으로 베들레헴의 장로들은 두려움에 떨었다. 그런 사무엘이 아들들을 제사에 청했는데 이 영광스러운 기회에 자기 아이를 의도적으로 배제할 부모가 몇이나 될까?

이새의 "아직 막내가 남았는데"라는 대답에서 '막내'라는 단어의 원어는 '하찮은, 필요 없는'이라는 뜻을 지닌다. 이새에게 다윗은 영광스러운 자리에서 소개할 만한 가치가 없는 자식이었음이 드러난다. 그래서 다윗은 홀로 양을 치고 있었다.

사무엘은 아비에게조차 무시당하는 막내아들을 오게 한다. 이때 다윗은 "빛이 붉고 눈이 빼어나고 얼굴이 아름답더라"(삼상 16:12)라고 묘사된다. 눈은 마음의 창이다. 다윗의 눈이 빼어났다는 건 그의 마음이 부모의 부당한 박대나 가정에서 느끼는 소외감에도 영향받지 않은 채 내적 평안과 기쁨을 간직했음을 보여준다. 다윗의 눈은 그의 빛나는 마음처럼 아름다웠다. 하나님은 그의 마음을 보셨고, 그의 중심을 선택하셨다.

드디어 다윗이 기름부음을 받는다. 특별히 사무엘이 그에게 기름을 붓자 그날 이후로 다윗이 여호와의 영에 크게 감동되었다고 기록하는데(삼상 16:13), 이는 바로 다음 구절과 명백한 대조를 이

룬다. 14절을 보자.

> 여호와의 영이 사울에게서 떠나고
> 여호와께서 부리시는 악령이 그를 번뇌하게 한지라

한 사람의 발탁과 한 사람의 몰락, 한 사람을 향한 총애와 한 사람을 향한 외면, 한 사람에게 임한 기름부음과 한 사람에게 임한 악신, 하나님이 세우신 왕과 사람이 세운 왕의 시대가 교차하면서 두 인생을 대조적으로 살펴보게 한다.

비록 사울의 왕권은 얼마간 지속되었지만, 그의 인생은 걷잡을 수 없이 쇠락의 길을 걸었다. 그리고 아주 가파르게 몰락했다. 이를 통해 결국 한 인생의 건재와 성공과 안전은 하나님의 선택에 달려있다는 것과 그분의 선택은 지위가 아닌 기름부음으로 결정된다는 걸 알 수 있다. 우리 인생은 현재의 위치가 아닌 하나님의 지속적인 임재로 판가름 난다.

왕관은 사울이 쓰고 있었지만, 하나님이 인정하신 진정한 왕은 다윗이었다. 그런데 정작 하나님께서 다윗에게 기름부으실 때 그는 어느 위치에 있었는가? 소년 다윗은 아버지에게조차 관심받지 못하는 존재였다. 중요한 순간에 일곱 아들에게 주어졌던 공평한 기회도 누리지 못했고, 그저 아버지의 양을 치며 광야에서 노래를 부르던 무명의 사람이었다.

그러나 다윗이 지은 시편을 신중히 읽어보면, 소년 다윗이 관심을 두었던 게 무언지 알 수 있다. 그는 베들레헴 에브라다의 목초지에서 아버지의 양을 칠 때 여호와의 영광을 깊이 사모했다.

나는 시편에서 찾아볼 수 있는 다윗의 어린 시절의 단서들을 통해 그의 숨겨진 시간을 상상할 때마다 그 안에서 왕의 보좌가 열리는 걸 느낀다. 누구도 주목하거나 기대하지 않았던 한 목동의 삶에서 이스라엘 왕국이 열리는 것을 말이다.

다윗은 철저히 혼자였을 때부터 주님을 향한 열렬한 사랑으로 그분의 영광을 노래했다. 이 사랑이 왕의 보좌를 세울 거라곤 아무도 상상하지 못했을 것이다. 이 광야의 노래가 주님께 향기로운 제사로 드려져 그에게 이스라엘의 전설적인 선지자를 보내실 줄은, 그 선지자가 그에게 이스라엘의 차기 왕의 출범을 알리는 기름을 부을 줄은 말이다. 하나님의 시간은 이렇게 열린다.

'포지션이 아니라 어노인팅'으로 말이다.

이것은 포드처치 창립에 앞서 기도 모임을 할 때, 하나님께서 내게 주신 마음이었다. 당시 새로운 교회의 상황은 뚜렷하게 준비된 것이 없었다. 작은 사업체 하나를 열어도 앞서 수많은 걸 준비해야 하는데, 무엇을 준비할지조차 기도로 분별해야 할 것 같아서 일단 기도 모임부터 시작했다.

모이고 나니 부족한 게 더 보였다. 한 주 한 주가 까마득했다. 그런데 그때 하나님께서 사무엘과 엘리의 삶을 묵상하게 하셨다.

지위는 있었지만 기름부음이 없었던 엘리에게는 정작 그 지위를 감당할 만한 영향력이 나올 수 없었다. 반면에 지위는 없었지만 기름부음이 있었던 어린 사무엘에게는 시대를 견인하는 진정한 영향력이 발휘되었다. 제사장의 직위는 엘리에게 있었지만, 하나님의 음성은 어린 사무엘에게 임했던 것이다.

당시 포드처치는 이 땅의 수많은 교회 속에서 시작도 하지 않은 작은 점과 같았다. 그러나 하나님의 기름부으심이 임하면 영적 리더십이 발휘되어, 이 시대가 이 교회를 통해 하나님의 음성을 찾게 될 거라는 마음을 주셨다. 이 미약한 시작에서부터 나는 무엇보다 준비된 조건과 지위가 아닌 기름부음만을 추구해야겠다고 다짐했다.

나는 그 기름부음을 간절히 구했고, 여전히 구하고 있다. 이제 교회를 개척한 지 1년이 조금 넘었고 성전은 아직 없다. 우리 교회는 '텐트 메이커'처럼 매주 예배 처소를 새롭게 세팅한다. 왜 집 없이 셋방을 전전하면 두 다리 뻗고 못 자는지 공감한다. 하지만 그럴 때마다 하나님께서 주신 첫 마음을 기억하려 애쓴다.

'포지션에 집착하지 말고 어노인팅을 구하라!'

유형의 성전이 세워지기 전에 무형의 교회 됨을 기름부음을 통해 이루라는 것이다. 그럴 때 시대를 이끄는 영향력이 생겨난다.

그리고 이 기름부음의 지속 안에서만 부흥의 지속이 가능하다.

나는 교회뿐 아니라 우리의 삶도 그렇길 원한다. 현재의 포지션에 너무 집착하지 마라. 지위에 기대어 안주하는 순간 영적 상태는 미끄러지기 시작한다. 오늘 하나님 앞에서 나의 태도로 인해 지금의 지위와 영향력이 언제 기울고 무너질지 모른다. 작은 성공에 우쭐하고 사람들의 시선에 도취된 그 태도가 내일을 위태롭게 하고 미래를 나락으로 떨어뜨린다.

반면에 지금 이름 모를 위치에서 무엇을 하든지 기름부어 주시는 하나님의 임재 안에서 그 일을 지속한다면, 미래적 영향력은 오늘의 지위를 능가하고도 남을 것이다. 하나님의 기름부으심을 구하며 내일을 준비하는 사람에게 어떤 미래가 펼쳐질지는 아무도 모를 일이다.

Making이 아니라 Waiting

하나님의 선발 기준 두 번째는 인생을 'making' 하는 게 아니라 'waiting' 하는 태도다. 그분은 인생을 스스로 만들어가는 자가 아닌 하나님의 뜻을 기다리는 자를 쓰신다.

사울의 재임 기간에도 하나님께 진정한 왕은 다윗이었다. 그런데 우리가 주목할 건, 다윗이 기름부음을 받고 바로 왕이 되지 않았다는 점이다. 그가 제일 먼저 받아들여야 했던 영적 훈련은 '기다림'이었다. 심지어 왕의 보좌로 가까이 불려가 악신 들린 왕을 섬기며 기다림을 배워야 했다. 23절을 보자.

> 하나님께서 부리시는 악령이 사울에게 이를 때에
> 다윗이 수금을 들고 와서 손으로 탄즉
> 사울이 상쾌하여 낫고 악령이 그에게서 떠나더라

다윗은 사무엘에게 기름부음을 받은 후에 사울 왕의 부름을 받고 왕궁에 들어갔다. 다윗이 수금을 탈 때 사울에게 임한 악신이 떠나가고 사울이 상쾌하여 나았기 때문이다. 다윗의 노래엔 하나님의 임재가 충만했다. 그 신비한 능력은 세 가지 전인적 치유를 일으켰다. "상쾌하여"(정신적 치유), "낫고"(육신의 신유), "악령이 그에게서 떠나더라"(영적 자유와 회복).

다윗은 악신이 들린 사울 왕의 비참함을 보며, 이스라엘의 최고 권세자라 할지라도 거룩한 성령의 능력과 말씀의 지배 아래 놓이지 않으면 존립이 위태로울 수 있다는 걸 배웠을 것이다. 그러면서 자신 역시 거룩한 영의 통치와 은혜가 얼마나 필요한 존재인지를 절감했을 것이다.

그리고 다윗이 정확히 얼마 동안 이 일을 했는지는 기록되어 있지 않지만, 그는 사울 곁에서 일정 기간 이 일을 하다가 다시 목자의 삶으로 돌아왔다.

이 상황을 주목해서 볼 필요가 있다. 다윗은 어느 날 느닷없이 찾아온 이스라엘의 위대한 선지자, 전설적 인물이던 사무엘에게 왕의 기름부음을 받았다. 하나님의 인정을 받은 것이다. 그때 다윗은 직감했다. 하나님이 자신을 왕으로 세우실 것을. 그런데 현실세계는 아무런 변화가 없었다. 사울의 지위는 흔들림이 없었다.

만약 다윗이 하나님의 기름부음으로 인해 마음이 높아져 조급함을 가졌다면, 그가 사울의 부름을 받아 갑작스럽게 왕궁에 입성할 때 착각에 빠지기 쉬웠을 것이다.

'드디어 내가 왕궁에 입성하는구나. 이제 내가 왕이 될 결정적인 사건이 일어나겠지.'

그가 상황을 이렇게 해석하며 악신 들린 사울 왕을 지켜봤다면, 이 기회는 오히려 영적으로 매우 위험한 계기가 되었을지 모른다. 자신이 앉을 자리에 이미 정신 분열 상태에 빠진 왕이 지위를 고수하고 있다. 보통 사람이라면 이렇게 생각하지 않았을까.

'내가 왕인데, 하나님이 내게 왕의 기름을 부으셨는데, 내가 왜 이런 미치광이를 섬겨야 하지? 이 나라를 위해서, 아니 하나님의 뜻을 위해서라도 내가 가만히 있어선 안 되겠다.'

이 의식의 흐름이 공감되지 않는가? 문제는 이 의식이 바탕이 되면 누구나 사건을 'making' 하게 된다는 것이다. 우리는 종종 잘못된 분별을 가지고 이렇게 기회를 'waiting' 하지 못하고 사건을 'making' 하려 하면서 자신의 조급함에 하나님의 뜻을 끼워

맞춘다. 그런데 다윗은 어땠는가? 그의 인생이 대체 어땠길래 하나님은 그를 마음에 합한 자라고까지 표현하셨을까?

다윗 안에는 하나님에 대한 '전적인 존중'이 있었다. 그는 그분의 영광을 가로채려는 욕심이 없었다. 하나님을 너무나 사랑했기에 그분이 받으실 영광은 온전히 그분의 것으로 두고자 했다. 하나님의 뜻을 이루는 주체는 자신이 아닌 하나님이셔야 했다. 이것이 어떤 동기도 사랑을 앞설 수 없는 이유다.

이런 다윗의 중심은 그의 다음 행보에 그대로 드러난다. 이 시기에 그가 사울의 왕궁에 남아 왕이 될 기회를 엿보는 모습은 찾아볼 수 없다. 궁궐 대신들의 환심을 사서 정치적 영향력을 행사하려는 시도도 찾아볼 수 없으며, 형편없는 왕의 실상을 폭로하며 역모를 꾸미지도 않았다. 다윗은 빨리 왕이 되고 싶어서 안달하지 않았다. 훗날 그의 아들 압살롬이 반역을 일으키기 위해 전략적으로 민심을 얻으려 애썼던 것과 참으로 대조되는 모습이다.

다윗은 왕궁에서 집으로 돌아와 다시 양을 쳤다. 무명의 삶으로 돌아온 그는 낙심하지도, 의기소침하지도, 침체에 빠지지도 않았다. 만일 그에게 왕이 되려는 조급함이 조금이라도 있었다면, 목자의 삶으로 돌아와 빈 들에서 양을 지키는 시간을 감당할 수 있었을까.

도시를 떠나 시골의 산과 들에 가보면 그 적막과 고요 속에 시간이 얼마나 더디게 흐르는지 '이 시간의 흐름에 적응하며 살아갈 수 있을까' 하는 의구심이 들곤 한다. 만일 다윗의 마음이 미래를 향해 조급했다면 홀로 외로이 서있던 매일의 시간을 견딜 수 없었을 것이다. 하지만 그는 자기 자리로 돌아왔다. 왕좌의 조짐은 결코 찾아볼 수 없는 초라하고 이름 없는 삶으로.

이것이 다윗의 비범함이다. 그는 하나님의 방법을 따랐다. 믿음 안에서 기다리는 게 자신의 최선임을 알았다. 인생의 결정적 기회는 making 하는 것이 아니라 waiting 하면서 얻을 수 있다는 것 말이다.

하나님의 세 가지 훈련

하나님이 주신 꿈을 우리 인생에 이뤄갈 때 반드시 통과해야 하는 훈련이 있다. 하나님의 위대한 일을 감당할 사람을 성장시키기 위해 그분은 그분의 방법대로 사람의 기질과 능력을 검증하고 훈련하신다.

고독의 훈련

그 첫 번째가 바로 '고독의 훈련'이다. 기다림을 겸허하게 받아들일 때 우리는 고독을 느낀다. 또한 하나님만이 채우실 수 있는 영혼의 구멍을 인정하면서 인생의 다른 것들로부터 뒤돌아설 때도 우린 고독을 느낀다. 막중한 책임감과 중압감, 침묵 속에도 고독이 있다. 너무도 외롭고 허전한 감정이다.

하지만 하나님을 대면할 때 우리는 이 고독을 뚫고 가야 한다. 고독을 견디지 못하는 사람은 하나님과 대면하는 이 시간을 마주하지 못한다. 고독 앞에서 뒷걸음질 치는 것이다.

다윗은 광야에서 보낸 수많은 밤 동안 이 고독을 경험했다. 왕궁에 살다가 광야로 돌아갔을 때 그를 감싼 고요한 침묵은 그를 더 극심한 고독 가운데로 몰아넣었을 것이다. 훗날 사울에게 쫓겨 광야에서 은둔 생활을 했을 때도 다윗은 고독의 훈련을 지속했다. 긴긴 시간 그는 수많은 밤을 견뎠다. 별들 아래 홀로 앉아 하나님의 영광을 노래하는 절대 고독의 시간을 가졌다. 들판에 부는 바람에 그리움이 사무칠 때도 그는 고독을 견뎌냈다.

그리고 그 훈련 끝에 다윗은 마침내 왕처럼 살 능력을 부여받았다. 하나님이 흡족해하시는 진정한 왕의 자질을 키워낸 것이다.

무명의 훈련

하나님의 두 번째 훈련은 바로 '무명의 훈련'이다. 다윗은 무명의 상태에서 자라났다. 그의 부모조차 그를 기억하지 못했다. 이름뿐 아니라 존재감도 없었고, 인정은커녕 존중조차 받지 못했다. 하지만 하나님께서는 그를 이미 이스라엘의 왕으로 선발하셨다. 하나님이 세우실 왕으로서의 자질을 입증하신 것이다.

다윗이 골리앗과 싸우려고 사울 왕 앞에 섰을 때, 그가 자신을 뭐라고 설명하는가?

"너는 누구냐?"

"저는 다윗입니다."

"무엇을 하는 아이냐?"

"저는 아버지의 양 떼를 지키는 자입니다."

"너는 저 블레셋의 거인과 싸울 수 없다. 너는 겨우 소년이지 않느냐?"

다윗이 무명의 삶에 다시 젖어들지 않았다면 결단코 자신을 이렇게 소개하지 않았을 것이다. "제가 이스라엘의 다음 왕입니다!"라고까지 말하진 못했을지라도 그저 아버지의 양 떼나 치는 소년으로 정의 내리진 않았을 거다.

그는 왕의 기름부음을 받고도 여전히 이름 없는 자신의 삶을 불평 없이 받아들였다. 이것 또한 다윗의 비범함이다.

사람의 인격은 알려지지 않고 칭송받지 못할 때, 이름도 빛도 없는 상태에서 형성된다. 이때 겸손하고 품위 있는 인격을 견고히 형성한 사람은 찬란한 보좌 위에서도 흔들림 없이 영예로운 삶을 지속할 수 있다. 그러나 무명의 상태를 받아들이지 못하는 사람은 갈채를 받는 시기에 여러 시험과 유혹을 견디지 못해 무너지고 만다.

예배 인도자로 어느 집회를 섬길 때였다. 어디서 많이 본 듯한 자매가 내게 기도를 받으러 왔다. 멀리서 걸어오는데 '저 자매가 어느 양육 그룹이었더라' 하며 빠르게 머리를 굴렸다. 아무리 대형교회여도 목회자로서 성도는 알아봐야 하니까. 그런데 끝내 누구인지 생각나지 않았다.

하지만 분명한 건 내가 그 자매를 아주 많이 봤다는 사실이었다. 우리는 반갑게 웃으며 인사를 나눴다. 그런데 알고 보니 그 자매는 공동체의 성도가 아니라 꽤 알려진 여배우였다. 그녀를 많이 봤다고 느낀 건 텔레비전에 자주 나왔기 때문이었다. 내가 기도 제목을 묻자 그녀는 "지금보다 더 유명해지게 해주세요"라고 대답했다.

난 그 자매가 잘되길 바랐다. 영혼이 잘됨같이 범사에 잘되기를 진심으로 바랐다. 하지만 차마 "하나님, 이 자매가 더 유명해지게 해주세요"라고 기도할 순 없었다. 그래서 더 깊은 연기를 할 수 있도록, 대중에게 큰 호응을 얻는 좋은 기회가 열리도록 기도해주었다.

그녀의 솔직한 갈망이 나쁜 건 아니다. 그건 인간의 기본적인 욕구다. 어느 누가 이름 없이 살며 인정받지 않길 원하겠는가. 정도의 차이만 있을 뿐 우리는 다 유명한 삶을 갈망한다.

하지만 진짜 유명한 사람이 되려면 무명의 삶에서 영성과 인격과 자질을 갈고닦아야 한다. 아무도 주위에 없고, 아무도 주목하지 않고, 아무도 관심을 갖지 않는 상황에서 다윗이 진짜 왕처럼 행동하는 법을 배웠듯이, 훗날 당신의 이름이 빛날 때 그 빛이 쉽게 바래지 않을 내공을 무명의 시절에 충분히 쌓아두어야 한다.

얼마 전에 나를 위해 기도해주는 각별한 중보자 한 분이 하나님께서 내게 주신 음성을 전해주었다. 그 분은 내가 처음 하나님 앞에 헌신하며 홀로 기도했던 시절, 그때의 나를 만나본 적은 없지만, 내가 골방에서 간절히 기도했던 것 같다고 말했다. 그러면서 하나님께서 그 간절한 골방 기도와 예배의 열망을 받으셨고, 내게 기도 응답의 기회를 주시길 원한다는 마음을 나눠주었다.

나는 그 어떤 기도 응답보다도 기뻤다. 하나님께서 내가 미약하고 이름 없던 시절, 골방에서 부르짖는 것 말고는 아무것도 할 수 없던 시절에 올려드린 작은 기도를 들으시고, 지금까지 기억하신다는 자체만으로 크게 감격했다.

그때 드렸던 주님을 향한 순도 높은 갈망에 대한 새로운 목마름이 일었다. 우리 인생은 과거에 드려진 기도, 오늘 나의 태도로 내일이 결정된다.

단조로움의 훈련

하나님의 세 번째 훈련은 '단조로움의 훈련'이다. 다윗이 왕궁에서 병든 왕을 치유하는 유일하고 독보적인 존재로 총애를 받다가 다시 들판으로 돌아왔을 때, 그가 목자의 일상에 적응하지 못했다는 기록은 어디에도 없다. 그는 자기 일상에 싫증을 느끼지 않았다. 존경하는 신학자들의 고전을 읽어보면 깊은 성경적 통찰과 문학적 표현이 어우러진 주옥같은 문장이 종종 등장한다. 아더 핑크는 다윗이 목자의 일상으로 되돌아간 상황을 이렇게 표현했다.

"중단 없는 삶, 포도주와 장미들이 없는 삶."

나는 이 표현이 너무나 근사해서 노트에 메모를 해두었다. 이는 무슨 뜻일까? 중단이 없고, 지루하고, 향기도 맛도 없는 무색무취의 삶, 평범한 업무와 고단한 일정이 매일 반복되는 단조로운 삶을 말한다. 그런 시간에 다윗이 다시 놓였다. 하지만 이 단조로운 일상의 반복이 베들레헴 작은 고을의 한 미천한 소년을 왕위에 오르도록 거침없이 전진하게 하는 동력인 줄은 아무도 몰랐다.

단조롭고 권태로운 일상을 임재의 밀도와 기쁨으로 채우라. 어제가 오늘 같고 오늘이 내일 같은 반복된 일상의 한 걸음이라도 이것이 믿음 안에 있으면, 그 시간은 기름부으심 안에서 약속의 성취로 당신을 이끌어갈 것이다.

다윗의 면모를 통해 하나님의 등용 기준을 살펴보았다. 당신은 인생을 향한 하나님의 평가를 의식하고 그 기준에 부합한 인생을 살고 있는가? 오늘날 '21세기 다윗'으로 부름을 받은 우리가 하나님이 찾으시는 마음의 중심과 합당한 자질을 갖추어 나가길 바란다.

chapter two

당신의 삶이 거인과 맞설 때

삼상 17장

♦ ♦ ♦ ♦ ♦ ♦

인생의 무기는 무엇인가

1967년, 이스라엘과 아랍 연합군 사이에 불안한 평화가 유지되던 어느 날이었다. 당시 아랍 세계의 지도국이었던 이집트가 이스라엘 선박의 티란 해협 통과를 일방적으로 금하고, 이스라엘 국경선에 주둔한 유엔군의 철수를 요구하며 이집트군을 배치하면서 이른바 '6일 전쟁'이 발발했다.

이라크, 시리아, 요르단, 이집트로 이뤄진 아랍 연합군은 소련제 최신 무기를 소유하고 소련 군사 고문관들의 자문을 받으며 막강한 군사력을 자랑하고 있었다. 그런데 병력 면에서 비교가 안 될 만큼 열세였던 이스라엘이 선제공격을 가해 아랍 연합군을 단 6일 만에 격파했고, 세계 전쟁사에 경이로운 기록을 남기며 예루살렘 옛 도시까지 되찾았다.

침공 당시 이스라엘군을 지휘하던 모세 다얀 장군은 아랍 연합군과의 전쟁에서 반드시 승리할 새로운 무기가 있다며 세계가 깜짝 놀랄 선언을 했다. 외신들은 일제히 이 기사를 다루면서 틀림없이 원자폭탄이나 수소폭탄을 능가하는 신무기일 것으로 추측했다. 과연 이스라엘의 신무기는 뭐였을까? 모세 다얀은 이렇게 밝혔다.

"우리를 승리케 할 신무기는 바로 시편 121편입니다. '내가 산을 향하여 눈을 들리라 나의 도움이 어디서 올까 나의 도움은 천지를 지으신 여호와에게서로다' 하신 하나님의 약속입니다."

결국 이 전쟁은 역사상 최단 시간에 최대의 성과를 거두며 이스라엘의 승리로 끝났다. 전쟁 후 이스라엘 총사령관은 이스라엘 성벽에 시편 118편 23절 말씀을 적은 쪽지를 남겨놓았다고 한다.

"이는 여호와께서 행하신 것이요 우리 눈에 기이한 바로다."

나는 이 일화에 크게 감동했다. 전쟁은 하나님께 속한 것임을 보여주는 '믿음의 실천편' 같았기 때문이다.

우리는 무엇을 인생의 무기로 삼는가? 무엇을 인생의 도움으로 여기는가? 나는 아마도 지금 살펴볼 본문이 앞서 '여호와께서 행하신' 6일 전쟁의 교본이었을 것으로 생각한다. 3천여 년 전, 전쟁은 하나님께 속한 것임을 천명하는 믿음의 패기와 용기를 보여준 한 사람이 등장한다. 바로 엘라 골짜기에서 골리앗 앞에 섰던 다윗이다.

여섯 걸음

이 사건은 다윗의 멋진 면모를 여실히 드러낸다. 단, 말씀은 그가 승리하는 장면보다 승리를 향해 나아가는 과정을 훨씬 심도 있게 다룬다. 그만큼 과정의 승리가 결과적 승리 이상의 의미가 있다는 거다.

그렇다면 골리앗과의 전투에서 끝내 승리하기까지 다윗에게 발견되는 영적 거인의 면모는 무엇일까? 이 운명적인 전투 장면은 이스라엘과 블레셋의 전쟁 가운데서 일어나는데, 먼저 골리앗이라는 거대한 장수의 압도적인 등장으로 시작한다. 사무엘상 17장 4절을 보자.

> 블레셋 사람들의 진영에서 싸움을 돋우는 자가 왔는데
> 그의 이름은 골리앗이요 가드 사람이라
> 그의 키는 여섯 규빗 한 뼘이요

"여섯 규빗 한 뼘"은 약 3미터로, 골리앗은 엄청난 장신이었다. 이만한 거구가 창과 방패를 들기 위해 팔을 뻗어 올렸다고 생각해보라. 얼마나 위압적이었을까.

성경은 그의 신장과 외모뿐 아니라 그가 80-90킬로그램 되는 갑옷을 입고 있었다고 구체적으로 묘사한다. 또 그의 앞에는 그를 지키는 군사들이 사람 크기만 한 방패를 들고 적의 화살로부터 그를 보호하고 있었다. 당시 블레셋 군사들은 전투복으로 작

은 청동 비늘을 겹겹이 댄 무거운 범포 비슷한 옷을 속에 입었으며, 창날만 10킬로그램이 넘었다고 한다.

이 모습을 상상만 해도 싸울 맛이 뚝 떨어진다. 상식적으로 이런 외적 조건에 맞서 싸우고 싶은 사람은 죽고 싶어 환장한 사람이 아니고서야 아무도 없을 것이다.

특별히 성경은 그가 블레셋 진영에서 어떤 역할이었는지를 정확하게 소개한다. 그는 "싸움을 돋우는 자"였다. 당시 이스라엘과 블레셋은 엘라 골짜기를 사이에 두고 꽤 오랜 시간 대치 중이었다. 섣불리 공격을 시도하기엔 불리한 지형이어서 서로 이러지도 저러지도 못한 채로 있었다. 이때 블레셋이 꺼낸 카드가 '심리 전술'이었다. 3미터가 넘는 거인 장수 골리앗이 나서서 이스라엘 전선을 마주 보고 하나님과 이스라엘을 향해 온갖 조롱과 모욕을 퍼부어댔다. 이런 공격은 아침저녁으로 40일이나 이어졌다.

여기서 싸움을 거는 골리앗의 위치를 주목할 필요가 있다. 그가 처음 이스라엘 군대를 향해 공격을 퍼붓기 시작할 때 성경은 "그가 서서 이스라엘 군대를 향하여"라고 기록했다(삼상 17:8). 그런데 다윗이 엘라 골짜기에 도착한 시점에 골리앗의 위치가 바뀌었음을 나타내는 단서가 등장한다. "너희가 이 올라온 사람을 보았느냐"(삼상 17:25). 즉 골리앗이 계곡 골짜기를 가로질러 이스라엘 진영 쪽으로 건너왔다는 말이다.

이스라엘과 적군의 경계가 허물어지고 있었다. 골리앗의 영향력은 더욱 확장되어 이스라엘 진영 깊숙이 침투해왔다. 끈질기고 집요하게 우리 인생에 싸움을 걸어오는 골리앗, 이 무지막지한 거인의 등장을 당신도 경험해보았을 것이다.

이때 실제로 10킬로그램이나 되는 창이 이스라엘 진영에 날아든 건 아니었다. 골리앗의 공격은 어디까지나 심리 전술에 지나지 않았다. 그러나 그 위세가 이스라엘을 점점 더 장악했다. 그 위협에 이스라엘 군대는 강한 패배 의식을 느꼈다.

어떻게 이것이 가능했을까? 골리앗의 존재가 어느새 견고한 세력을 구축하여 이스라엘 진영으로 침투한 까닭이 무엇이었을까? 바로 두려움 때문이었다. 본문은 골리앗의 공격에 대해 이렇게 기록한다. 11,24절을 함께 보자.

사울과 온 이스라엘이 블레셋 사람의
이 말을 듣고 놀라 **크게 두려워하니라**

이스라엘 모든 사람이 그 사람을 보고
심히 두려워하여 그 앞에서 도망하며

골리앗은 이스라엘 군대를 '위협'했고, 이스라엘 군대는 골리앗을 '두려워'했다. 위협과 두려움의 상호작용은 믿음의 개입이 없이는 필연적으로 한 쌍을 이룬다. 먼 곳에서 고함치던 거인의 위협은 점점 내부로 침투해 들어왔고, 그 위협이 내부를 장악할수록 두려움은 커지고 믿음은 무력해졌다. 이것이 우리가 이 거인을 방치해서는 안 되는 이유다.

그런데 한 가지 의아한 점이 있었다. 놀랍게도 이스라엘 군대가 두려워했다는 기록만 있고 분노했다는 기록은 없는 것이다. 오히려 그들은 다 같이 두려워 떨면서, 그저 남의 집 불구경하듯 방관하는 태도를 무의식적으로 공유하고 있었다. 그들은 여기저기서 수군거렸다.

"저 블레셋 사람을 죽이면 보상이 있대. 임금님의 사위로 삼고, 왕가의 특권을 허락한대."

군사들은 모두 멀찍이 떨어져서 바라보기만 할 뿐, 누구도 자신이 골리앗을 상대할 용사가 될 수 있다고 생각하지 않았다. 이스라엘의 왕 사울도 마찬가지였다. 그는 골리앗 목에 현상금만 걸고 누군가 나서서 싸우기만을 기다렸다. 그것이 결코 자신이 될 수 있다는 생각을 하지 않았다. 하나같이 비겁한 구경꾼의 반열에 서있었다. 그들은 생각했을 것이다.

'나만 아니면 돼.'

'하나님의 이름 따위 나랑 무슨 상관이야.'

왜 그들은 구경만 했을까? 이방 장수의 저주와 조롱 속에 하나님의 이름이 땅에 떨어지는데도, 왜 두려워만 하고 분노하지 않았을까? 이유는 간단하다. 그 상황이 자신의 안전을 위협했기 때문이다. 하나님의 이름이 추락하든 말든 자신과 아무 상관이 없었기 때문이다. 이 비참한 상황은 그들 자신과 하나님의 관계에 아무런 영향도 미치지 못했다.

'무슨 상관이야. 저 거인 손에 죽지만 않으면 되지.'

진정한 거인

이때 두려움에 사기를 완전히 잃은 이스라엘 군대에 '진정한 거인' 한 사람이 등장한다. 바로 소년 다윗이었다. 이 소년은 심지어 군대에 징집되기에도 너무 어렸다.

다윗은 아버지의 심부름으로 전장에 나섰다. 그런데 계곡 건너편에서 골리앗의 고함소리가 들리자 주변의 모든 사람이 장막 사이로 숨는 걸 목격했다. 그가 가만히 서서 자세히 들어보니 다름 아닌 살아계신 하나님을 모욕하고 이스라엘 군대를 조롱하는 소리가 아닌가! 26절을 보자.

다윗이 곁에 서있는 사람들에게 말하여 이르되
이 블레셋 사람을 죽여 이스라엘의 치욕을 제거하는
사람에게는 어떠한 대우를 하겠느냐
이 할례 받지 않은 블레셋 사람이 누구이기에
살아계시는 하나님의 군대를 모욕하겠느냐

다윗이 어떻게 반응하는가? 경악하고 분노하며 결심한다.

'내가 오늘 저 장수에게 맞서리라.'

그는 사울과 이스라엘 군대가 40일간 방치했던 이 거인과 결투하기로 즉시 결정한다. 우리는 이 결정을 깊이 생각해볼 필요가 있다. 다윗이라고 두렵지 않았을까? 군대 징병에도 선발되지 않은 연소한 소년이 3미터나 되는 거인 장수에게 맞서는 일이 말이다.

나는 다윗이 두렵지 않았다기보다는 그 순간 두려움이 끼어들 새가 없었다고 생각한다. 이 결정엔 예측이나 계산이 없었다. 왜냐하면 정확히 말해 '본능'이었기 때문이다. 하나님을 향한 다윗의 본능.

종종 위험에 빠진 자녀를 구하기 위해 괴력을 발휘하는 부모의 이야기를 듣곤 한다. 불길 속에, 물보라 가운데, 숨 막히는 위험천만한 상황에 자녀가 처했을 때, 부모는 주저 없이 몸을 던진다. 만일 그런 상황에서 부모가 구경꾼처럼 혀만 끌끌 차고 팔짱을 끼고 고개만 젓는다면, 그는 부모라고 할 수 없다. 그것은 사랑이 아니다. 사랑한다면 그럴 수 없다.

엘라 골짜기에서 사울과 이스라엘 군대가 보인 건 단지 두려움이나 전의를 상실한 나약함이 아니었다. 본질적으로 하나님과 관계없는 삶, 사랑 없는 관계의 한계가 여실히 나타난 거였다.

반면에 다윗의 결정도 하나님과의 관계를 드러낸다. 하나님을 향한 그의 마음은 '사랑'이었다. 사랑이 아니고선 설명할 수 없는 본능이었다. 자기 안위에 대한 고민이나 위험 요소에 대한 계산 없이 주저하지 않고 전투를 결정한 것을 사랑의 본능이 아니고서야 어떻게 설명할까?

두려움과 싸우려 하면 답이 없다. 사랑을 따라야 답이 보인다. 문제보다 크신 주님을 보는 것, 두려움을 이기는 사랑으로 나아가는 것만이 인생에 찾아온 골리앗과 맞서는 방법이다.

잊혀진 하나님의 존재, 모욕당하는 그분의 능력, 추락하는 그분의 이름을 보고 누구도 분노하지 않은 40일의 치욕을 다윗은 참을 수가 없었다. 이 무력한 대치 상황을 이어갈 순 없었다. 그는 본능 때문에 눈에 뵈는 게 없었다. '나만 아니면 돼'라는 생각에 장막 사이로 몸을 숨긴 군사들 사이에서 그는 즉시 싸우기로 결심한다.

여기서 우리가 다윗의 비범한 면모, 비교 불가한 용맹함, 하나님을 향한 불타는 사랑과 순전한 마음에 그저 감동하는 데 그친다면, 인생의 전투에서 여전히 구경꾼의 자리에 안주한 채 무력한 대치를 이어가게 될 것이다.

실제로 우리 삶이 사울과 그의 군대 같을 때가 얼마나 많은가? 어떤 문제 앞에서 낙심하고 주저하고 두려움에 빠져 '그건 내가 할 수 없는 일'이라며 선 그었던 순간들을 돌아보라.

깊이 들여다보면, 그 일들이 단지 비합리적이고, 무모하고, 현실적으로 불가능했기 때문이 아니라 하나님과 내 관계의 빈약함으로 인해 그 일을 감당하지 못했을 가능성이 크다. 한마디로, 사랑이 없어서 그런 거다.

내 인생의 골리앗은 무엇인가? 무력한 삶, 꿈 없는 인생, 질병, 가난, 실패, 매일 나를 때려눕히는 숱한 문제들인가? 하나님을 의지해 일어나라. 사랑의 본능으로 맞서라. 두려워하는 것에 멈춰있지 마라. 대안 없이 사랑하라. 그 사랑이 두려움을 이기고 인생의 골리앗에 맞설 믿음의 용기와 힘을 줄 것이다.

저항을 뚫고 끝까지 치열하게

끝이 안 보이던 대치 상황에 돌연 결전의 날이 찾아왔다. 그날을 상상해보라. 다윗은 이 운명 같은 전투를 전혀 예상하지 못한 채 엘라 골짜기에 찾아왔을 것이다. 난데없이 민족적 위기를 직면한 소년이 어떻게 이토록 즉각적인 믿음의 대처를 할 수 있었을까?

여기서 믿음으로 사는 자의 태도가 나타난다. 믿음의 삶은 무대 위에서 보여주는 장기 자랑이 아니다. '인생 한 방'을 기대하는 로또나 운으로 들어맞는 '대박 사건'이 아니다. 이는 매일 예고 없이 펼쳐지는 상황을 믿음의 평균으로 대처하는 일상일 뿐이다.

이날 다윗이 보여준 위대한 장수로서의 모습은 그의 믿음의 평균치였다. 그의 믿음은 매일 단련됐고, 성장했고, 매 순간 동행의 능력 위에 있었다. 그는 이 믿음 위에서 결투를 작정했다.

그런데 한 가지 주목할 것은, 우리가 거인과 믿음으로 싸우길 작정하더라도, 그 앞에 서기도 전에 인생이 먼저 우리의 발목을 잡는다는 사실이다. 성경은 다윗이 골리앗 앞에 서기까지의 과정을 꽤 상세히 다룬다. 이때 다윗은 먼저 두 가지 저항을 맞닥뜨린다. 바로 엘리압과 사울의 반대였다.

찰스 스윈돌 목사님은 이를 '연장자 증후군'이라고 정의했다. 이는 무언가 새롭고 도전적인 일을 하고자 할 때 앞선 경험자들이 비난과 냉소적인 조언 등을 쏟아붓는 걸 말한다. 28,33절을 함께 보자.

큰형 엘리압이 다윗이 사람들에게 하는 말을 들은지라

그가 다윗에게 노를 발하여 이르되

네가 어찌하여 이리로 내려왔느냐

들에 있는 양들을 누구에게 맡겼느냐

나는 네 교만과 네 마음의 완악함을 아노니

네가 전쟁을 구경하러 왔도다

사울이 다윗에게 이르되

네가 가서 저 블레셋 사람과 싸울 수 없으리니

너는 소년이요 그는 어려서부터 용사임이니라

다윗은 '엘리압의 정죄'와 '사울의 불신'이라는 반대와 저항에 부딪혔다. 그들은 다윗보다 훨씬 많은 경험을 소유한 사람들이었다. 자기 경험을 토대로 다윗의 내적 동기를 정죄하며 비난했고, 다윗의 현실적 조건을 불신하며 반대했다.

우리도 막상 믿음의 싸움을 시작도 하기 전에 이런 연장자의 공격에 부딪히곤 한다. 자신을 인정해주지 않는 대상 앞에 서는 경험, 이것이 다윗이 진짜 싸움을 하기 위해 통과할 관문이었다.

내가 파트 전도사로 막 사역을 시작했을 때의 일이다. 찬양 인도를 하고 내려오는데 한 목사님이 나를 부르더니 말했다.

"유경아, 왜 그렇게 유관순처럼 예배 인도를 하니?"

단 위에서 나의 외침이 '대한 독립 만세'를 방불케 한 것 같았다. 난 예배만큼은 언제나 절박하고 간절하게 드리고 싶은데, 목사님은 그렇게까지 진지할 필요 없다며 이런 조언을 종종 덧붙였다.

"회중이 부담스럽다. 조금만 편안하고 부드럽게 할 순 없니?"

물론 귀담아들을 부분이 있었다. 조언의 의도도 이해했다. 회중이 느끼는 부담과 피로도 고려해야 했다. 하지만 예배에서 최우선 고려 대상은 회중이 아닌 하나님이었다. 그러므로 할 수 있는 한, 매 순간 그분 앞에 견딜 수 없는 목마름과 간절함으로 예배하고 싶었다. 목이 말라 시냇물을 찾아 헤매는 사슴에 빗대어 표현한 다윗처럼 계속해서 독립투사처럼 최선을 다해 예배하고 싶었다. 그러지 않으면 매주 단에 설 때 거룩한 설렘과 긴장감을 점점 잃을 것 같았다.

오늘날 많은 사람이 자신의 연륜에 결부시켜서 적당히 대충 하는 태도를 마치 세련된 프로의식으로 착각하는 경향이 있다. 나는 사역할 때 이 잘못된 프로의식을 경계하려고 끊임없이 노력한다. 이것이 '마음'을 잃어버리는 지름길이기 때문이다.

또 프로의 세계에서는 긴장과 떨림을 미숙의 증거로 여겨 이를 부끄러워하고 감추려는 경향이 있다. 간절함은 아마추어나 갖는 것이고, 프로는 경험과 요령에 기대어 여유로워야 한다고 생각한다. 심지어 그 여유로 거들먹거리기를 좋아한다.

그러나 여유를 멋 부리는 데 쓰면 추해진다. 게다가 '진짜 여유'와 '매사에 적당히 하는 태도'는 하늘과 땅 차이다. 진정한 프로는 끝까지 치열하고 진지하게 임한다. 결코 자신을 속이지 않으며, 누구도 속이지 않는다.

경험이 적다는 이유로 난관에 봉착할 때가 있다. 경험이 많은 연장자들이 때로 우리의 동기를 정죄하거나 자질과 능력을 평가 절하한다. 이에 대해 R. T. 켄달 목사님은 말했다.

"오늘날 하나님께서 하고 계신 일에 가장 강하게 대적하는 사람은 다름 아닌 '어제 쓰임 받은 자들'이다."

하나님이 어제 하신 일에 동참했던 사람들이 그분이 오늘 하시는 일에 가장 적대적으로 반응한다는 것이다.

다윗도 마찬가지였다. 그의 갈망은 현실의 냉소주의자들에게 받아들여지지 않았다. 그의 의분과 용맹함은 이스라엘 진영에서는 유일했고 낯설었기에 비난과 비웃음의 대상이 됐다. 하지만 그는 이 저항을 뚫고 나아갔다.

영적 거인 다윗이 어떻게 반응했는지 보라. "아니 지금 골리앗이 문제야? 당장 엘리압 멱살부터 잡아!"라고 했는가? 아니다. 그는 엘리압의 정죄와 비난에도 불구하고 돌아서서 다른 사람을 향해 전과 같이 말했다(삼상 17:30).

사단은 골리앗을 쓰러뜨려야 하는 다윗의 대진표를 교묘하게 바꿔치려 했다. 이것은 우리를 종종 혼란에 빠트리는 사단의 작전이다. 싸움의 대상을 몰래 바꾸는 것. 그러나 다윗은 이 작전에 눈 하나 깜짝하지 않았다. 엘리압은 그가 싸울 대상이 아님을 알고, 그 중심과 태도와 갈망을 조금도 흐트러뜨리지 않은 채 가차 없이 돌아서서 평정심을 유지했다. 그는 또 다른 반대자 사울에게도 이렇게 반응했다. 34-37절을 보자.

다윗이 사울에게 말하되
주의 종이 아버지의 양을 지킬 때에

여섯 걸음

사자나 곰이 와서 양 떼에서 새끼를 물어가면

내가 따라가서 그것을 치고 그 입에서 새끼를 건져내었고

그것이 일어나 나를 해하고자 하면

내가 그 수염을 잡고 그것을 쳐 죽였나이다

주의 종이 사자와 곰도 쳤은즉

살아계시는 하나님의 군대를 모욕한

이 할례 받지 않은 블레셋 사람이리이까

그가 그 짐승의 하나와 같이 되리이다

또 다윗이 이르되 여호와께서 나를

사자의 발톱과 곰의 발톱에서 건져내셨은즉

나를 이 블레셋 사람의 손에서도 건져내시리이다

사울이 다윗에게 이르되 가라

여호와께서 너와 함께 계시기를 원하노라

　자신의 연소함, 경험 부족, 자격 미달을 이유로 전장에 내보내지 않겠다는 사울에게 다윗이 무엇을 말하고 있는가?

　"절 얕보지 마시라고요. 제가 이래 봬도 사자랑 곰이랑 싸웠던 몸이에요!"

　이런 말을 하는 것인가? 아니다. 다윗은 자신의 과거 성공담을 과시하는 게 아니라 전혀 다른 경험을 이야기하고 있다. 바로 하나님에 대한 경험 말이다. 다윗과 사울은 초점이 아예 달랐다. 영

적 거인과 영적 불구자의 차이다. 다윗은 말한다.

"제가 하려는 말은 제 용기와 싸움의 기술이 아니라 그때에도 저와 함께하셨던 하나님에 관한 것입니다."

사자를 때려눕힌 경험이 다윗을 강하게 했는가? 곰의 수염을 잡고 쳐 죽인 경험이 그를 이토록 두려움 없게 만든 걸까? 이것은 다윗의 '성공담'이 아니라 그의 '믿음에 관한 이야기'다. 우리를 거인 앞에 벌벌 떨지 않게 하는 건 오직 '하나님'뿐이다. 그분에 대한 경험, 그분을 향한 믿음, 그분이 주신 약속, 그것뿐이다.

과거의 성공 사례는 우리의 두려움을 근본적으로 몰아내지 못한다. 어제 성공했어도 내일의 실패는 여전히 두렵다. 어쩌면 성공의 축적이 실패에 대한 두려움을 더욱 키울 수도 있다. 기대심리가 있기 때문이다. 이전에 어떤 일을 해냈다고 해서 오늘 마주한 문제가 버겁지 않은 게 아니다.

우리는 과거의 성공 사례로 자신감을 쌓으며 삶의 가능성을 키워가거나 긍정적 사고와 철저한 자기 관리만으로 삶을 통제하는 존재가 아니다. 물론 자기 관리와 성공 사례도 필요하다. 다윗도 목자로서 근면 성실하게 양 떼를 지키며 곰과 사자를 쳐 죽인 성공담을 말했다. 하지만 본질은 그 모든 걸 주님과 함께했냐는 거다. 인생은 성공 경험이 아니라 동행의 밀도와 믿음의 크기로 정복하는 것이기 때문이다.

여섯 걸음

영적 거인의 특별한 면모

사울의 승낙을 받고 전장에 나가기까지 다윗의 행동을 좀 더 밀착해서 보길 원한다. 그의 독특한 행동을 통해 영적 거인의 면모를 깊이 조명해보자.

왕의 갑옷을 거부하다

우선 그는 왕의 갑옷을 거부했다. 사울 왕은 다윗의 출전을 허락한 후 나름대로 그를 도우려 했다. 다윗의 출전이 자살행위와 같다는 걸 알면서도 손쓸 도리가 없는 위기 상황에서 지푸라기라도 잡는 심정이지 않았을까. 그는 다윗에게 골리앗과 맞설 최선의 방법을 제시한다. 바로 왕의 갑옷과 투구와 무기를 들게 하는 거였다. 그러자 다윗은 아주 독특하게 반응한다. 38,39절을 보자.

> 이에 사울이 자기 군복을 다윗에게 입히고
> 놋 투구를 그의 머리에 씌우고 또 그에게 갑옷을 입히매
> 다윗이 칼을 군복 위에 차고는 익숙하지 못하므로
> 시험적으로 걸어보다가 사울에게 말하되 익숙하지 못하니
> 이것을 입고 가지 못하겠나이다 하고 곧 벗고

다윗은 왕의 갑옷과 무기를 거부했다. 이 싸움은 시작부터 아주 불리했다. 거인과 소년의 싸움이라니! 이에 연민과 책임을 느

낀 이스라엘의 최고 권위자가 호의로 자기 갑옷을 내주었는데, 소년이 이를 거절한 것이다.

참전 경험이 전무한 다윗이 전문가의 도움을 거절하는 게 쉬웠을까? 전쟁에 능한 사울과 무수한 전사들 앞에서 이 갑옷을 벗는 게 과연 쉬웠겠냐는 말이다.

"이 갑옷, 혹시 미디움 사이즈는 없나요? 투구가 너무 큰데 혹시 스몰 사이즈가 없을까요?"라고 물었다면 차라리 이해가 간다. 그러나 다윗은 사울의 갑옷과 무기를 주저 없이 벗어버리며 말한다.

"이것을 입고 가지 못하겠나이다."

필요 없다는 거다.

자신만의 무기를 들다

다음으로 다윗은 자신만의 무기를 들었다. 그는 아주 대범했다. 경험과 장비와 기술을 운운하는 전문가의 도움을 단순하고 담대하게, 다만 건방지지 않게 거절했다.

"당신의 무기는 당신의 것입니다. 제게는 필요 없습니다. 저는 무엇이 제게 필요한지 잘 압니다. 저는 저만의 무기를 들겠습니다."

당신도 세상에 이렇게 외쳐라.

"세상이 말하는 성공이나 이력은 세상의 것입니다. 그것이 꼭 제 것이 될 필요는 없습니다. 저는 저만의 무기를 들겠습니다."

이것이 그리스도인의 담대함이며 차별점이다. 다윗은 자신만의 무기를 들었다. 40절을 보자.

손에 막대기를 가지고

시내에서 매끄러운 돌 다섯을 골라서

자기 목자의 제구 곧 주머니에 넣고

손에 물매를 가지고 블레셋 사람에게로 나아가니라

그는 손에 막대기를 쥐었다. 이때 장막에 있던 사울 왕과 이스라엘 군대 장관들의 반응이 어땠을까? 그들은 속으로 이렇게 생각했을지 모른다.

'망했다….'

아마 눈을 질끈 감았을 것이다. 막대기를 든 소년이 장렬히 전사하는 장면을 그리며 비통한 심정이나 수치심을 느꼈을지 모른다.

그런데 다윗이 돌연 시냇가로 내려간다. 나는 이 장면을 상상하면 영혼이 정화되는 듯한 느낌을 받는다. 이스라엘 군대 전체와 권력자들의 이목이 쏠리는 폭압적인 긴장 상태에서 소년 다윗이 시냇가로 내려가 돌멩이를 고른다.

졸졸 흐르는 물 앞에 허리를 굽히고, 아니 무릎을 꿇고 매끄러운 돌 다섯 개를 고른다. 하나하나 들어보면서 촉감도 느끼고 크기도 재봤을 거다. 자신만의 무기를 찾는 다윗에게서 느껴지는 특별함. 이것이 진정한 비범함이다.

그는 쥐뿔도 없으면서 호기롭고 건방지게 왕의 갑옷을 벗어 던지고 왕의 무기를 거부한 게 아니다. 목숨을 건 싸움에서 그가 가진 믿음과 확신은 요행을 바라는 태도에선 절대 나올 수 없는 것이었다. 세상의 관습과 대중의 기호를 좇는 사람에게선 절대 길러질 수 없는 거였다. 그는 자신의 전문성에 있어서 성실하고 충직한 사람이었다.

프로의식을 경계하라는 건, 경험이 많은 전문가의 조언에 무조건 반기를 들고 콧방귀를 뀌라는 말이 아니다. 자기만의 무기도 없으면서 관습과 경험을 무시하는 태도는 오만과 자기기만일 뿐이다.

인생이라는 전투에서, 당신에게 꼭 맞는 무기가 무엇인가? 그것을 오랫동안 갈고닦아 왔는가? 자기만의 무기를 든 다윗을 기억하라. 이날 다윗이 보여준 비범함은 오직 하나님만을 의지하며 오랜 시간 끈질기게 자신의 무기를 단련한 진짜 실력자에게서 나오는 것이었다. 이것이 '세상이 감당치 못할' 능력의 원천이 된다.

돌진하다

마지막으로 다윗은 돌진했다. 그는 시내에서 "매끄러운 돌 다섯", 곧 자신의 공격 무기인 물맷돌을 골랐다. 그런데 왜 하필 돌

다섯 개를 준비했을까?

시냇가에서 매끄러운 돌을 쥐어보며 생각에 잠긴 다윗을 상상해보자. 그는 이렇게 생각했을지 모른다.

'한 번에 안 될 수도 있겠다.'

어쩌면 그는 그 자리에서 시험 삼아 물매질을 한번 해보지 않았을까? 그런데 과녁을 정하고 던졌을 때 다섯 번 만에 명중한 거다. 이 과정을 거치는 소년 다윗을 생각하면 가슴이 저며온다. 이스라엘의 왕과 위정자, 군대 장관과 탁월한 전사들이 있었음에도 지금 이 싸움의 무게를 누가 홀로 지고 있는가? 다윗이다. 그의 어깨에 이스라엘의 운명이 달려있었다.

그런데 시험 삼아 던져본 물맷돌이 빗맞았을 때, 다섯 번 중 겨우 한 번 맞았을 때, 그는 무슨 생각을 했을까? 아찔하지 않았을까? 두렵지 않았을까? 고독하지 않았을까?

주변을 슬쩍 둘러보며 '보는 사람이 없으면 이대로 도망가 버릴까? 어차피 왕의 갑옷을 입지도 않았으니 돌려줄 것도 없고 줄행랑치자'라고 생각하진 않았을까?

하지만 다윗은 물러서지도, 도망치지도 않았다. 다만 실패에 대비했다. 네 번 빗맞아도 다섯 번째에 명중시키겠다는 의지를 다졌다. 무엇보다 그는 최후 승자가 자신임을 믿었다.

이것이 다윗의 믿음이다. 그는 다섯 번까지 던져 적을 무너뜨리겠다는 믿음으로 돌진했다. 그리고 양국의 군대가 항오를 이

룬 중심에 서서 적군의 거대한 장수 골리앗에게 당당히 외쳤다.

"너는 칼과 단창으로 나아오지만 내겐 그것이 필요 없다. 내게는 만군의 여호와의 이름이 있다. 나는 네가 그토록 무시하고 짓밟은 그 이름의 능력으로 나아간다. 감히 하나님의 이름과 위엄을 실추시키고, 그분의 능력을 의심한 네게 몹시 분노한다. 그래서 기필코 싸울 것이고, 반드시 이길 것이다. 오늘 하나님 여호와께서는 실추된 그분의 명예를 회복하실 것이다. 전쟁은 여호와께 속한 것임을 명백히 알게 하실 것이다."

이것이 다윗의 순수한 목적, 숭고한 동기, 차별화된 중심이었다. 이 선언과 함께 그는 거인에게 진격했다. 돌을 물매에 걸고 힘껏 던졌다. 그러자 돌이 이마에 박혀 거인이 땅에 엎드려졌다.

첫 번째 돌이었다. 다윗의 예상보다 다섯 배나 높은 성공 확률로 돌이 장수의 이마에 정확히 명중했다. 과연 시냇가에서 채집한 매끄러운 돌이 사람 이마에 박힐 가능성이 얼마나 될까? 더욱이 성경은 골리앗이 놋 투구를 썼다고 했다. 날카로운 창끝도 아닌 매끄러운 돌이 놋 투구를 뚫고 이마에 박힐 확률은 얼마나 될까?

이는 다윗의 믿음을 향한 하나님의 보상이었다. 다윗은 물맷돌을 던지기만 했다. 그의 손을 떠난 돌은 그때부터 하나님 손에 달려있었다. 그렇다면 다윗의 손에 돌이 몇 개 남았을까? 네 개다. 이것이 바로 넉넉히 이기는 믿음이다.

여섯 걸음

믿음이 있다면 거인 앞에 서라.
믿음이 있다면 거인에게 돌진하라.
그리고 믿음으로 물맷돌을 던져라.

그 돌이 당신의 손을 떠난 순간,
다음은 하나님이 하실 것이다.
믿으라. 거인은 쓰러진다.

chapter three

하나님의 뜻이라고 말하는 유혹

삼상 24장

◆ ◆ ◆ ◆ ◆ ◆ ◆

왕을 섬기기에 합당하다는 것

사우디아라비아에서는 왕이 타는 말을 특별한 방법으로 훈련한다고 한다. 우선 혈통이나 조건이 월등히 뛰어난 말들을 선발해서 여러 훈련과 테스트의 과정을 거친다. 몇십 마리로 추려진 말들이 받는 마지막 훈련은 어떤 상황에서도 조련사가 호각을 불면 바로 그 자리에 멈춰 서는 것이다.

이렇게 훈련된 말들을 사흘간 사막으로 보내는데, 그 기간에는 물을 주지 않는다. 사막의 뜨거운 태양과 거친 모래바람 아래에서 말들이 기진맥진할 때까지 매어 두고는 나흘째 되는 날, 오아시스 근처로 데려가 풀어준다.

그러면 멀리서부터 물 냄새를 맡은 말들이 오아시스를 향해 무서운 속도로 돌진한다. 바로 그때 조련사가 호각을 분다. 말들은 사전에 호각 소리가 울리면 모든 행동을 멈추도록 훈련받았지만, 그 순간만큼은 훈련받은 대로 하지 못한다.

대부분이 고통스러운 갈증을 해소하기 위해 호각 소리를 듣고도 멈추질 않고 달려간다. 그런데 그 와중에 제자리에 즉시 멈춰서는 말들이 있다. 그 말들은 '왕을 섬기기에 합당한 말'이라는 표식의 낙인이 찍히고, 보마(寶馬)로서 왕궁에 보내진다. 고작 짐승에게 주어지는 거지만 '왕을 섬기기에 합당한 말'이라는 표식이 참 뜻깊다.

나는 이것이 하나님이 우리 인생을 훈련하시는 방법과 많이 닮아있다고 생각한다. 우리 삶의 다양한 문제들은, 당장 스스로 고통을 끝낼 수 있는 순간마저도 주인의 부름에 반응하는지를 확인하는 이 테스트와 아주 흡사하다.

우리는 광야에서 이 마지막 훈련을 거쳐야 한다. 이는 문제 해결에 초점을 맞추거나 욕망에 얽매이지 않으며 필요에 급급하지 않고, 오직 주인의 호각에만 반응하여 모든 걸 멈출 수 있는지를 보는 훈련이다. 하나님의 말씀에만 반응하여 순종하는 사람이 왕을 섬기기에 합당하다. 나와 당신의 삶에도 이 표식이 찍히길 바란다. 보마와 같은 사람, 영광스러운 하늘의 낙인.

본문의 다윗도 하나님의 사람으로 합당하게 세워지기 위해 광야로 보내진다. 그리고 그곳에서 그의 자질이 드러난다. 자기 필요를 채우고 인생의 성취를 이룰 수 있는 결정적인 순간에 다윗은 그에게 울려 퍼진 왕의 호각 소리를 듣고, 모든 걸 내려놓고 멈춘다. 말씀을 통해 왕을 섬기기에 합당했던 다윗의 영적 진면목을 살펴보자.

다윗은 사무엘에게 왕으로 기름부음을 받은 후, 골리앗을 쓰러뜨리는 놀라운 승리를 거두었다. 그 결과 그는 이스라엘 민족의 영웅이 되었고, 이후 사울이 시키는 일마다 잘 해내자, 사울은 그를 군대의 높은 자리에 앉혔다. 모든 백성과 사울의 신하들까지도 이를 기뻐했다. 그런데 문제가 발생했다.

하루는 다윗이 블레셋 군대를 이기고 돌아오자 개선 행렬을 맞는 이스라엘 여인들이 소고와 꽹과리를 들고 춤추며 노래했다.

"사울이 죽인 자는 천천이요 다윗은 만만이로다!"

다윗을 칭찬하고 높이는 여인들의 반응은 정작 그에게 결정적인 해를 입힌다. 이 분별없는 노래로 인해 사울의 내면에 다윗을 향한 엄청난 적대감이 싹텄기 때문이다.

이후 사울은 다윗을 주목했다. 그를 증오의 눈으로 바라보며 치명적인 적개심을 품었다. 이는 사울의 마음에 허황한 망상을 불러일으켜, '백성들이 다윗에게는 만만을 돌리고 내게는 천천만 돌리니 다윗이 얻을 게 나라밖에 더 있겠냐'라는 극단적인 비관에 빠지게 했다. 질투심에 눈이 멀어 다윗의 의도와 국가의 운명까지도 과장해서 해석하게 된 것이다. 결국 사울의 분노와 증오는 광기로 치달았고, 다윗은 광야로 도피해야만 했다.

쫓고 쫓기는 광야 한복판, 추격자와 도망자 사이에서 우리는 인생의 규칙을 배울 수 있다. 누군가는 쫓고, 누군가는 쫓기지만 그들의 인생이 하나님의 방식으로 훈련되고 있다는 것을. 이 훈련에서 승자가 되려면 명심해야 할 광야 훈련 규칙이 있다는 것을 말이다.

인생의 역설을 잊지 마라

첫 번째 규칙이다. 사무엘상 24장 1,2절을 보자.

> 사울이 블레셋 사람을 쫓다가 돌아오매
> 어떤 사람이 그에게 말하여 이르되
> 보소서 다윗이 엔게디 광야에 있더이다 하니
> 사울이 온 이스라엘에서 택한 사람 삼천 명을 거느리고
> 다윗과 그의 사람들을 찾으러 들염소 바위로 갈새

사울이 온 이스라엘에서 3천 명의 정예부대를 동원해 다윗을 쫓고 있다. 한 나라의 왕이자 군대의 수장이 근거 없는 적개심과 망상에 사로잡혀 무고한 한 사람을 쫓았다. 공적 신분과 특권까지도 다윗 한 사람을 파멸하는 데 쏟아부으며 모든 걸 걸고 추격했다.

이때 투입한 군사력은 과거 믹마스 전투에 동원한 수와 같았다

(삼상 13:2). 한 사람의 잘못된 욕망으로 인해 3천 명이 광야로 나간 것이다. 다윗을 잡기 위해 혈안이었던 사울의 군대는 다윗을 숨겨준 일로 놉의 제사장 85명을 집단 학살하기까지 했다(삼상 22:1-19).

게다가 사울은 블레셋의 침략에 맞서 격전한 후 정예부대를 동원해 엔게디 광야로 한걸음에 달려와 다윗을 추격하기에 이르렀다. 블레셋과 다윗을 동일한 적으로 간주한 것이다. 하지만 블레셋은 다름 아닌 다윗을 이스라엘의 전쟁 영웅으로 만든 적국이었다. 사울의 행동이 과연 이치에 맞는, 분별 있는 것이었을까? 아무런 명분도 없는, 맹목적인 추격이었다.

블레셋에게 침략당한 후 사울은 한 나라의 왕으로서 이스라엘을 지키기 위해 다윗의 용맹한 전술과 리더십이 필요함을 깨달아야 했다. 다윗은 그가 가장 신뢰할 만한 유능한 신복이었다. 그에겐 다윗이 필요했다.

'내게 이것만 있으면(혹은 이것만 없으면) 모든 게 해결될 것 같아' 싶은 문제가 있는가? 내 인생에 돈만 있으면 될 것 같고, 이 사람만 있으면 될 것 같고, 이 일만 잘 풀리면 될 것 같은 생각이 드는가? 그렇다면 그 맹목성을 한번 점검해봐야 한다. 내가 그토록 바라는 '이것'이 다윗을 쫓느라 광야로 들어간 사울의 맹목적인 추격과 같은 것일 수도 있다.

다윗을 광야로 보내신 건 하나님이셨다. 그러나 사울을 광야로 보낸 건 사울 자신이었다. 다윗은 왕에 합당한 자로 훈련되기 위해 광야로 갔지만, 사울은 사사로운 욕망 때문에 자신을 광야로 내몰았다. 다 같은 광야가 아니다. 광야와 같은 시간을 보낸다고 해서 무조건 '하나님이 내게 광야를 허락하셨다'라고 여기는 건 큰 착각이다. 왜 광야에 있는지, 누가 보냈는지를 잘 분별해야 한다.

하나님이 보내신 거라면 기뻐하라. 당신은 왕을 섬기기에 합당한 자로 빚어지고 있다. 그러나 "시련은 셀프다"라는 어느 드라마의 대사처럼 자신의 욕망과 교만, 불신앙과 불순종 때문에 맹목적으로 '내 인생에 이것만 있다면(혹은 이것만 없다면)' 행복해질 거라고 믿고 헤매다가 도달한 곳이 광야라면, 그 길에서 돌이켜야 한다.

사울은 다윗 한 사람을 파멸하고자 광야까지 달려갔지만, 다윗은 그의 손에 죽지 않았다. 하나님께서 다윗을 사울의 손에 넘기지 않으셨기 때문이다.

다윗이 광야의 요새에도 있었고
또 십 광야 산골에도 머물렀으므로
사울이 매일 찾되 하나님이 그를
그의 손에 넘기지 아니하시니라 삼상 23:14

여섯 걸음

하나님께서는 한 나라의 최고 병력으로부터 다윗을 지키셨다. 긴 시간 동안 3천 명의 군사가 다윗을 추격하는 데 총동원됐지만 끝내 그를 발견하지 못했다. 오히려 추격자인 사울이 도망자인 다윗에게 발견되는 역설적인 상황이 펼쳐졌다.

본문은 밀고자들에 의해 다윗이 엔게디 광야에 숨어있다는 소식을 사울이 전해 듣고, 다윗을 찾고자 그 지역으로 들어오는 장면으로 시작한다. 엔게디는 동굴이 수천여 개나 있는 지역이었다. 그런데 그 많은 동굴 중에서 사울은 하필 다윗이 은신해있던 동굴에 들어갔다. 무장해제 상태로 말이다. 게다가 성경에 호위 무사들이 동행했다는 언급이 없는 걸 보면 그는 홀로 있었다. 3절을 보자.

길가 양의 우리에 이른즉 굴이 있는지라

사울이 뒤를 보러 들어가니라

다윗과 그의 사람들이 그 굴 깊은 곳에 있더니

지금 누가 누굴 쫓고 있는가? 분명 사울이 다윗을 쫓고 있었다. 그런데 상황이 이상하게 흘러갔다. 도망자 다윗의 손에 추격자 사울의 생명이 달리게 된 것이다. 아이러니하게도 도망자 다윗에게는 사울이 보이지만, 추격자 사울에게는 다윗이 보이지 않았다. 사울은 한순간에 절체절명의 위기에 빠지고 말았다.

이는 사울이 온갖 수단과 방법을 동원해 수년간 끊임없이 다윗을 찾아 광야를 헤맸으나 끝끝내 실패했던 것과는 극명히 대조된다. 이거야말로 신앙의 역설이며 인생의 역설이다. 도망자의 손에 추격자의 생명을 맡기시는 하나님의 섭리 말이다.

우리는 다윗과 사울의 관계를 통해 하나님께서 무엇을 들추고 감추시는지, 누구를 숨겨주고 위험에 빠뜨리시는지를 알 수 있다.

다윗은 광야의 동굴에서 은신하는 도망자 신세였다. 그가 동굴에 살기까지 삶의 어떤 것들로부터 완전히 단절되어야 했을까? 신학자들은, 하나님께서 다윗이 광야 생활 이전에 의지하던 다섯 가지 인생의 버팀목을 그에게서 제거하셨다고 말한다. 그의 지위, 사무엘, 아내, 요나단 그리고 자존감이다.

동굴에 이르기 전, 다윗의 삶은 바닥까지 내려갔다. 하루아침에 직장과 스승과 아내와 친구를 잃었고, 적국의 도피처에서 목숨을 구걸하느라 미친 척을 하고 수염에 침을 질질 흘리며 겨우 광야로 도피했다. 그는 자존감마저 잃은 상태였을 것이다.

게다가 매일 엄습하는 죽음의 공포와 극심한 외로움을 견뎌야 했다. 다윗은 요나단에게 자기 처지를 "나와 죽음의 사이는 한 걸음뿐이니라"라고 표현했다(삼상 20:3). 얼마나 적절하고 탁월한 말인가. 한 걸음이다. 삐끗하면 죽는다. 생사를 가로지르는 살얼음 위를 걸으며 다윗은 얼마나 두렵고 고독하고 외로웠을까.

여섯 걸음

제2차 세계 대전 때 한 이탈리아 군사가 빗발치는 총탄 사이를 가로질러 총격전을 벌인 후에 검었던 머리카락이 하루아침에 백발로 변해버리는 경험을 했다고 한다. 이는 생사의 기로에 섰을 때 인간의 내적 고통과 스트레스가 얼마나 극심한지를 보여주는 실화다.

다윗은 매일 이랬을 거다. 그는 동굴에 은신했다. 동굴 속 축축한 습기, 고독한 메아리, 밑바닥 인생의 짙은 비애가 느껴지는가?

그는 더 이상 피할 곳도, 잃을 것도 없었다. 그러나 절망스러운 상황에도 그의 중심은 여전히 하나님을 향해있었다. 과연 진정한 왕이신 하나님을 모시기에 합당한 보마인 다윗의 속성과 자질을 확인할 수 있다.

인생의 밑바닥에 떨어지면 우리 내면은 망가진다. 의지할 대상이 사라지고 삶이 벼랑 끝에 내몰리면 누구나 상황을 비틀어 바라보게 된다. 분별이 없는 채로 현실을 왜곡하거나 축소 혹은 확대 해석하며 진실을 직시하지 못한다.

그러나 다윗은 그런 상황에서 열악한 은신처에 거하면서도 마음의 평화와 질서를 지켰다. 더는 내려갈 데조차 없을 때 하늘을 올려다보았다. 거기 하나님이 계셨다.

그의 내면은 동굴처럼 어둡거나 축축하지 않았다. "초막이나 궁궐이나 내 주 예수 모신 곳이 그 어디나 하늘나라"라는 찬송가

가사처럼 동굴에 거하면서도 해방과 자유와 안전과 평안을 누렸다.

반면에 사울은 궁전에서 그가 의지하는 것들에 둘러싸여 왕으로서 칭송을 받으며 살았다. 그러나 그의 내면은 어둡고 우울하며 환멸로 가득했다. 욕망과 두려움이 끊임없이 질척거렸다. 육신은 궁전에 거했으나 영혼은 어두운 동굴 안에 갇혀있었다.

이 동굴은 몹시 음침하고 축축했다. 그 안에선 모든 것이 굴절됐다. 정보는 전혀 다른 울림을 만들었고, 상황은 비틀어져 보였다. 답답하게 가로막힌 벽마다 자기 연민과 열등의식이라는 검고 푸른 이끼가 돋아있었다. 정작 동굴에 갇힌 건 사울이었다.

앞서 다윗이 궁전에서 사울을 위해 수금을 탈 때 사울이 다윗을 벽에 박아버리고자 손에 든 창을 던진 적이 었었다. 성경은 이를 "여호와께서 사울을 떠나 다윗과 함께 계시므로 사울이 그를 두려워한지라"라고 기록한다(삼상 18:12).

누가 누굴 죽이려 했는가? 사울이 다윗을 죽이려 했다. 사울이 다윗에게 창을 던졌고, 다윗은 그 창을 두 번이나 피해야 했다. 명백한 살인 미수였다. 이 상황에서 누가 누구를 두려워해야 할까? 당연히 다윗이 사울을 두려워해야 맞다. 그런데 아이러니하게도 성경은 사울이 다윗을 두려워했다고 말씀한다. 왜?

"여호와께서 사울을 떠나 다윗과 함께 계시므로."

하나님의 임재가 있느냐, 떠났느냐에 따라 상황은 극명하게 역전된다. 정작 궁궐에서 호의호식하는 살해자가 공포에 떨고, 동굴에서 은신하는 자가 안전함을 느낀다. 이것이 바로 하나님의 임재로 인한 인생의 역설이다.

이 역설을 받아들여야 한다. 그 앞에서 우리는 겸손해진다. 모든 상황과 관계와 가정과 일터에서 이 신비로운 임재의 역설을 경험하길 축복한다.

인생의 기회를 분별하라

하나님의 광야 훈련 두 번째 규칙이다. 본문은 도망자 다윗의 수중에 추격자 사울의 생명이 놓인 장면으로 이어진다.

다윗은 사울의 살해 위협 가운데 죽음을 아슬아슬하게 모면하며 하루하루 생명을 부지하는 신세였다. 그러던 어느 날, 광기에 사로잡혀 자신을 죽이려 하는 사울 왕이 제 발로 손아귀에 들어온 것이다. 그야말로 절호의 기회였다. 누군들 이것을 기회로 여기지 않겠는가.

나라도 이렇게 생각했을 것 같다.

'이제 살 수 있다. 더는 도망자로 살지 않아도 된다. 칼을 한 번만 휘두르면 이 지긋지긋한 상황이 끝난다!'

그간 사울에게 받은 박해를 곱씹으며 분노의 창을 한 번만 내리꽂으면 되었다. 숨 막히는 공포와 두려움, 외롭고 초라한 광야

의 도피 생활에서 벗어나 사랑하는 사람들과 재회하고, 본연의
삶을 되찾을 수 있었다. 어쩌면 즉시 왕으로 추대될지도 몰랐다.

그때 다윗의 사람들이 그에게 나아와 말한다. 4절을 보자.

보소서 여호와께서 당신에게 이르시기를
내가 원수를 네 손에 넘기리니 네 생각에 좋은 대로
그에게 행하라 하시더니 이것이 그날이니이다

다윗과 함께했던 사람들은 이 예상치 못한 반전 상황을 하나
님의 섭리로 해석했다. 이건 명백한 하나님의 뜻이고 다윗에게 허
락된 절호의 기회라며 하나님의 생각을 대언하듯이 말했다.

그들 역시 이 고통스러운 도피 생활을 하루빨리 끝내고 싶었기
에 이 일생일대의 기회 앞에서 몹시 흥분하며 하나님의 구원하심
을 기뻐 찬양했을 것이다. 우리도 그 자리에 있었다면 다윗에게
같은 조언을 건네지 않았겠는가? "이것은 기회입니다"라고.

다윗은 오랫동안 동굴에 숨어 하나님께 탄원했었다. 제발 살
려달라고, 박해자의 손에서 구해달라고, 그를 따르던 군대와 함
께 울부짖으며 기도했을 것이다. 그런데 그 박해자의 목숨이 마
침내 다윗의 손아귀에 들어왔다. 누가 봐도 기도 응답 아닌가?

다윗이 이 사건을 명백한 하나님의 뜻으로 받아들이는 건 당
연한 수순이었다. 이치에 맞고 개연성이 확실했다. 심지어 이전에

사울이 다윗을 죽이려 했을 때 그조차 자신의 살해 의욕이 하나님의 뜻과 닿아있음을 운운했다. 엔게디 광야에 오기 전, 다윗이 그일라에 있다는 사실이 사울에게 알려져 사울의 군대가 다윗의 무리를 완전히 포위했을 때, 사울은 생각했다.

'하나님이 다윗을 내 손에 넘기셨도다.'

얼마나 자의적이고 사악한 해석인가? 자신의 질투심과 적개심으로 무고하고 의로운 다윗을 죽이려 하면서 하나님의 뜻을 개입시키다니 말이다. 그는 바라던 상황이 오자 하나님께서 자신에게 다윗의 목숨을 주셨다고 해석하며, 이것을 그분의 응답이라 믿었다.

하물며 사울도 이런데 억울한 도피 생활을 이어가던 다윗의 무리가 이 상황을 '하나님의 뜻과 응답'으로 해석하는 것은 전혀 무리가 아니었다. 간절한 탄원 끝에 사울의 운명이 그들에게 맡겨졌으니 말이다.

그런데 이때, 다윗은 모두가 기회라고 말하는 상황을 전혀 다른 각도로 바라봤고, 전혀 다른 판단을 내렸다. 그는 이것을 '유혹'으로 여겼다. 그것도 아주 치명적인 유혹, 바로 '하나님의 뜻이라고 말하는 유혹' 말이다.

다윗은 멈춰 섰다. 기회를 놓칠세라 1초라도 빨리 칼을 휘둘러도 모자란 상황에 그는 이해할 수도, 납득할 수도 없는 행동을 했다. 왜? 그가 조련사의 호각 소리를 들었기 때문이다.

다윗은 하나님의 호각 소리를 들었다. 모두가 눈앞의 상황을 기회로 여길 때 그는 유혹을 감지했다. 이것이 결정적인 기회의 순간에 하나님 말씀에 순종하는지를 알아보기 위한 믿음의 테스트임을 직감했다.

어떤 상황이 우리에게 기회일 때도 있고, 유혹일 때도 있다. 이 분별은 일률적으로 적용하기 어렵다. 그 순간, 하나님의 임재 속에서 그분의 호각 소리를 듣는 것으로만 판단할 수 있다.

다윗은 아무도 듣지 못한 소리를 들었다. 그의 앞에 놓인 시험은 문제를 자기 손으로 해결하지 않고, 자기 힘으로 복수하려는 욕망을 거스르며, 자기를 그토록 박해한 원수에게 자비를 베풀어야 하는, 하나님의 허락 없이 제힘으로 고통을 종식시키지 않는 자를 가려내기 위한 시험이었다. 무엇보다 하나님이 멈추라고 하실 때, 내면의 들끓는 욕망과 주변의 압력에도 불구하고 즉시 멈춰서 오직 주인의 명령에 순종하는 훈련이었다.

다윗은 단호히 멈췄다. 자아의 관성을 거스르고 주인의 호각 소리에만 반응했다. 이 멈춤은 하나님을 향한 그의 중심을 증명했다. 바로 이때 하나님께서는 그의 영혼에 이 표식을 주셨을 것이다.

'왕을 섬기기에 합당한 인생.'

다윗의 보마로서의 면모는, 자신의 욕구와 본능을 충실히 따르는 자의적 행동을 하나님의 뜻과 계획으로 결부시키려 하는 우리의 신앙적 본성에 엄청난 도전을 준다. 삶의 중요한 문제 앞에서 획기적인 해결법을 제시하는 주변 상황과 압력, 내적 욕구를 견디고 오직 하나님께 반응해야 함을 배운다.

무엇보다 모든 합당한 명분에 스스로 속지 않는 굳은 믿음의 심지가 필요함을 깨닫는다. 사울은 배교자였다. 그는 하나님의 선민이던 이스라엘의 왕, 민족의 대표자로서 하나님을 저버렸다. 그리고 하나님께 버림 받았다. 그를 제거하는 일은 명분이 충분해 보였다. 어쩌면 이스라엘의 영적 개혁에 큰 전환점이 될지도 몰랐다.

실제로 오늘날 많은 신앙인이 하나님과 교회를 위한답시고 쉽게 칼을 휘두른다. 그러나 우리는 의로움의 유혹과 명분 앞에서 하나님의 호각 소리와 다윗의 멈춤을 기억해야 한다.

다윗은 멈추기 위해 엄청난 저항을 거슬러야 했다. 단지 인생 절호의 기회를 포기하는 것만이 아니라 이 상황을 하나님이 주신 기회로 여기는 사람들을 설득해야 했다. 6,7절을 보자.

자기 사람들에게 이르되 내가 손을 들어
여호와의 기름부음을 받은 내 주를 치는 것은
여호와께서 금하시는 것이니

그는 여호와의 기름부음을 받은 자가 됨이니라 하고

다윗이 이 말로 자기 사람들을 **금하여**

사울을 해하지 못하게 하니라

사울이 일어나 굴에서 나가 자기 길을 가니라

여기서 "금하여"에 사용된 단어는 의아하게도 '찔리다, 뜯다, 찢다'라는 의미로 "그가 찔림은 우리의 허물 때문이요"(사 53:5)에 사용된 히브리어에서 비롯되었다.

다윗이 자기 사람들을 설득할 때 찔리고, 뜯고, 찢듯이 말했음을 알 수 있다. 사람들은 통렬하게 항변했을 것이다.

"다윗 대장님, 지금 제정신이세요? 바보같이 굴지 마세요. 이게 지금 당신의 목숨만 달린 문제입니까?"

사람들이 다윗의 멱살을 잡았을지 모른다. 당장 사울을 죽이자고, 이 도피 생활을 끝내자고, 이 불의한 배교자를 처단하자고! 일대 다수로 격정적인 실랑이와 큰 싸움을 벌였을지도 모른다. 하지만 다윗은 끈질기게 설득했다. 현실의 압력을 거스르면서 자신과 자기 사람들을 멈춰 세웠다. 사울을 향해 금방이라도 날아들 것 같았던 칼날과 창끝을 끝내 막아냈다.

다윗의 이런 영적 태도는 무엇을 보여주는가? 그는 주인의 호각 소리를 들었다. 상님에서 들려오는 주인의 음성과 명령을. 그리고 상황을 저울질하지 않았다. 만일 그랬다면 호각 소리가 들려도 멈춰 서지 못했을 것이다.

우리는 때로 의로움이라는 명분 때문에, 거룩을 이룬답시고 하나님과 교회, 이 시대에 맞서 싸우려 한다. 그럴 때 하나님께서는 엄중히 말씀하신다.

'멈춰라. 네겐 그럴 권리가 없다.'

다윗은 멈춰 서서 또 하나의 중요한 태도를 보인다. 그것은 기다림이었다. 이 기다림은 언제 끝날지 모르며 고통을 동반했다. 죽음의 공포, 도피 생활의 피로와 긴장감, 그를 따르는 사람들에 대한 책임감, 광야에서의 외로움, 이 모든 것이 기다림에 포함되었다. 하지만 그는 기다렸다. 이 일을 자기 손으로 끝내서는 안 된다는 걸 알았기 때문이다.

그가 광야에서 쓴 시편 40편은 이렇게 시작한다.

"내가 여호와를 기다리고 기다렸더니."

히브리 원어로 보면, 제일 먼저 나오는 단어가 '기다리고 기다렸더니'로 두 번 반복하여 강조했다. 이것이 다윗의 기본 태도였다. 주님을 기다리는 것, 주님의 일하심을 기다리는 것.

다윗은 "나의 하나님이여 지체하지 마소서"라는 고백으로 시편 40편을 끝맺는다. 마지막까지 하나님만 기다린 것이다. 할 수 있는 게 없어서 기다린 게 아니라 기다림이 그의 유일한 할 일이었다. 기다림은 무위의 시간이 아닌 하나의 적극적인 행위였다.

제임스 존스턴은 다윗의 시편과 그가 처한 상황을 이렇게 표현했다.

"당신이 하나님을 신뢰할 때 당신의 믿음은 당신의 마음속에서 열심히 일하고 있다. 무슨 일이 일어나고 있는지 하나님은 아신다는 것, 하나님이 지혜로우시다는 것, 당신을 위한 하나님의 계획이 선하시다는 것, 하나님이 모든 순간을 다스리신다는 것을 믿기 위해서 당신은 생각 그리고 감정과 싸우고 있는 것이다."

기다림의 순간, 우리의 믿음은 마음속에 수많은 내전을 일으킨다. 그러나 기다림은 끝내 믿음의 승리를 가져다준다. 왕의 말들이 사막에서 갈증의 고통을 해소할 오아시스를 눈앞에 두고도 주인의 호각 소리에 모든 것을 멈추고 기다리듯이.

인생의 광야에서 기다림의 믿음은 마침내 우리가 왕을 섬기기에 합당한 사람이 되었음을 말해주는 표식이 될 것이다.

chapter four

남다른 승리의 전략 : 차별화된 중심

삼하 5:6-12

◆ ◆ ◆ ◆ ◆ ◆

완전한 설계도

스페인 중부 지중해 연안 도시인 알리칸테에 높이가 약 200미터인 '인템포'라는 고급 아파트가 있다. 원래 20층짜리 건물이었는데 이후 설계가 변경되면서 47층짜리 아파트로 증축되었다고 한다.

그런데 공사를 마무리하는 시점에 21층부터 47층까지 엘리베이터가 설치되지 않았다는 걸 알게 되었다. 증축 시 엘리베이터 설계를 고려하지 않은 것이다. 너무나 치명적인 실수였다. 어떻게 그걸 빼먹었을까. 공사에 투입된 무수한 인력과 현장 감독관이 완공 단계까지 이 사실을 몰랐다는 게 납득되지 않는다.

아무리 최고급 아파트의 꼭대기 층이라 해도 21층부터 47층까지 걸어가야 한다면 살기 좋은 아파트라 할 수 있을까. 초고층이라는 이 건물이 타일성과 깅김에 엘디베이터가 없는 상황에서는 가장 치명적인 결격 요소가 되고 말았다.

이미 완공 단계에 이르러 내부에 다시 엘리베이터를 설치하는 건 불가능했기에 많은 예산을 들여서 건물 외벽에 엘리베이터를 따로 설치해야 했다. 큰 손실이 따랐지만 엘리베이터가 없는 초고층 건물은 아무리 화려해도 쓸모가 없으므로 이를 빼버릴 수는 없었다. 결국 엘리베이터가 설치된 후, 이 아파트는 본래 디자인과 다르게 외관상 건물의 심미적 완성도를 떨어뜨렸다는 혹평을 받게 되었다.

우리 인생에도 결코 빼놓아서는 안 될 결정적인 요소들이 있다. 만일 이 요소를 빠트려 뒤늦게 갖추려 한다면 그동안 쌓아온 성과마저 손실을 입게 된다. 그렇기에 애초에 설계 단계에서부터 중요하게 고려해야 한다.

인생에는 아주 중요한 설계도가 있다. 바로 하나님의 뜻과 계획이다. 그 위에 삶을 세워나가야 한다. 하나님은 이스라엘 백성을 약속의 땅으로 인도하실 때 완전한 설계도, 곧 하나님의 온전한 뜻과 계획을 갖고 계셨다.

그분의 뜻은 열방 가운데 이스라엘을 제사장 나라로 세우시는 거였다. 예배하는 땅, 예배하는 민족으로 하나님의 통치를 선포하게 하려 하셨다. 그래서 이스라엘에게 약속의 땅을 주시면서 가장 먼저 우상 숭배로 더럽혀진 가나안의 일곱 족속을 쫓아내고, 그곳을 예배하는 땅으로 회복하도록 명령하셨다.

그런데 이런 하나님의 설계 목적을 잊어버린 채, 이스라엘 백성은 가나안의 이방 족속과 함께 살았다. 약속의 땅을 정복한 듯 보였지만, 가장 중요한 설계의 기초 작업이 제대로 이루어지지 않았던 거다.

본문은 드디어 하나님의 설계가 완성되는 장면을 소개한다. 이는 하나님의 완전한 구상과 계획을 끊임없이 의식하던 다윗 한 사람에 의해 이루어졌다. 그가 세운 통일 왕국은 오랜 세월 외면 당했던 하나님의 본래 뜻과 계획을 실현하는 것에서 시작되었다.

다윗의 즉위 이후의 행보를 면밀히 추적해보면 그의 남다른 영성과 목적의식을 확인할 수 있다. 나는 이 본문을 묵상하면서 가슴이 참 많이 뛰었다. 이 시대 '다윗의 행렬'에 도열한 이들이 이 말씀을 묵상하면서 다윗의 목적의식을 공유하길 열망한다.

다윗이 통일 왕국을 다스리기 위해 왕위에 오른 후 가장 먼저 한 일이 무엇이었는가? 바로 이스라엘의 수도를 예루살렘으로 옮기고, 예루살렘에 거하는 여부스 족속을 치는 일이었다. 그는 이 전쟁에서 이스라엘 역사상 유례없던 가나안 땅의 완전한 정복에 성공한다. 이 놀라운 승리의 원인을 함께 살펴보자.

여섯 걸음

목적의 승리

다윗이 승리한 첫 번째 원인은 '목적의 승리'였다. 다윗이 왕이 된 시점에, 나라의 중심인 예루살렘의 시온 산에는 하나님의 통치에 저항하는 이방 세력인 여부스 족속이 거주했다.

과거 이스라엘 백성은 가나안을 점령하면서 예루살렘의 거의 모든 지역을 차지했지만 유일하게 한 곳을 점령하지 못했다. 유다 지파는 이들을 전멸하는 데 실패했고, 후대에 베냐민 자손 역시 실패하고 말았다. 그곳이 바로 시온성이다.

이곳은 아브라함이 이삭을 하나님께 번제로 드리려 했던 모리아 산 정상이었다. 게다가 장차 다윗의 장막과 솔로몬의 성전이 세워지고, 예수 그리스도의 십자가가 우뚝 설 장소였다. 이 세 가지 의미만 들어봐도 이곳이 영적으로 얼마나 중요한 지역인지 알 수 있다.

하지만 시온성은 역사적으로 오랜 세월 동안 '난공불락의 성'이자 가나안 점령 이후에 단 한 번도 온전히 '정복되지 못한 땅'이었다. 그도 그럴 것이, 시온 지역은 경사면이 아주 가파르고 외부로부터 접근이 불가한 지리적 환경을 갖추고 있었다. 게다가 북쪽과 서쪽에는 몹시 기괴하고 흉물스러운 형상의 벽이 자리 잡고 있었다고 전해진다. 이를 가리켜 신학자들은 천혜의 수비 시설이라고 표현하기도 했다.

이런 요새와 같은 지리적 특성에 여부스 족속의 호전적인 기질까지 더해져서 어느 민족도 그들을 함부로 건드리지 못했다. 그 결과 여부스 족속은 이스라엘 중심부 시온성에서 다른 민족의 침략 없이 안전하게 거주하며, 하나님의 통치 체제를 거스르고 있었다.

그런데 놀랍게도, 이에 아무도 저항하지 않았다. 영적 요지이자 하나님의 통치의 중심부가 여전히 이방 세력에게 지배당하고 있다는 사실이 엄청난 굴욕과 수치였지만, 아무도 이 불합리한 상황을 기이하게 여기지 않았고, 이방 족속을 정복할 엄두를 내지 못했다. 오히려 적당한 타협점을 찾아 공존했다. 사울 왕 역시 그들을 쫓아내지 않고 그대로 두었다. 하나님의 설계도를 아무도 생각하지 않은 것이다.

그때 그곳을 주목한 한 사람이 있었다. 바로 다윗 왕이다. 그는 하나님의 완전한 설계도를 의식했고, 시온성은 이스라엘이 반드시 탈환해야 할 약속의 땅의 중심임을 정확히 인식했다. 나아가 그는 하나님의 도성 한복판에 이방 세력이 자리 잡은 것에 거룩한 분노를 느꼈다. 그래서 왕위에 오르자마자 전쟁에 뛰어들었다.

이는 그가 도망자 신세에서 헤브론의 왕이 된 지 7년 6개월 만에 온 이스라엘로 통치권을 확장한 시점의 일이었다. 즉위 후 이스라엘의 왕으로서 가장 먼저 착수한 일이 수도를 예루살렘으로 옮기고 여부스 족속을 치는 일이었으니, 그가 이 전쟁에 각별한 의미와 의지를 두었다고 해석할 수 있다.

그는 하나님의 설계와 목적이 자신의 왕국에 반영되길 원했다. 이스라엘이 진정으로 예배하는 제사장 나라가 되기 위해 적에게 빼앗긴 거룩한 땅을 탈환하여 하나님의 통치의 보좌가 회복되고 세워지길 바랐다.

사실 예루살렘을 향한 다윗의 강한 집념은 그의 소년 시절부터 시작된 것이었다. 지금부터 다윗의 행적에 숨은 '비밀 코드'를 함께 찾아볼 것이다. 본문으로부터 약 20년을 거슬러 올라가 보자.

다윗이 달려가서 블레셋 사람을 밟고

그의 칼을 그 칼집에서 빼내어 그 칼로 그를 죽이고

그의 머리를 베니 블레셋 사람들이

자기 용사의 죽음을 보고 도망하는지라 …

다윗은 그 블레셋 사람의 머리를 예루살렘으로 가져가고

갑주는 자기 장막에 두니라 삼상 17:51,54

여기 등장하는 "블레셋 사람의 머리"가 누구의 머리인가? 골리 앗이다. 소년 다윗이 물맷돌로 골리앗을 쓰러뜨린 후 골리앗의 머리를 베어 다름 아닌 예루살렘으로 가져갔다는 사실에 놀라움을 금할 수 없다. 통상적으로 고대의 장수는 전장에서 승리하면

적장의 목을 따서 도시 한복판이나 자신의 고향 마을 입구에 걸어두곤 했다.

머리는 그 사람의 인격과 영광을 상징한다. 그러니 적장의 머리를 어딘가에 매달아 놓는 행위는 완전한 정복과 승리를 선언하는 의미가 있다. 그런데 소년 다윗은 당시 사울 왕조의 수도였던 마하나임도 아니고, 고향 베들레헴도 아니고, 멀리 떨어진 예루살렘에 골리앗의 머리를 걸었다. 바로 이 여부스 족속의 땅에.

왜 그랬을까? 굳이 적장의 머리를 질질 끌고 그 먼 곳까지 걸어가 승리의 상징물을 둔 이유가 뭘까? 그는 이스라엘의 출애굽 이후 사사기 480년, 사울 시대 40년 동안 단 한 번도 점령된 적 없던 여부스의 요새에 뚜벅뚜벅 걸어 들어가 도성 중심에 이 승리를 선언하고 싶었던 거다. 바로 만군의 여호와 하나님의 승리를 말이다.

상상해보라. 거인의 목을 베어 들고 예루살렘으로 향하는 소년의 걸음걸음을. 이 걸음을 생각하면 가슴이 뛴다. 전율을 느낀다. 말할 수 없는 감동이 밀려온다. 이는 하나님의 통치를 거부하고 그분의 뜻을 대적하는 저항 세력이던 여부스 족속을 향한 거룩한 선전 포고였다.

후대의 성경 학자들은 다윗이 골리앗의 머리를 건 장소를 예수님이 십자가에 달리신 골고다일 것으로 추정하기도 한다. 골리앗의 머리를 매달아 만군의 여호와 하나님의 승리를 선언했던 바로 그 자리에서 예수 그리스도의 십자가, 그 완전한 승리가 선언됐다고 보는 것이다.

소년 다윗은 블레셋의 거인 장수에 의해 만군의 여호와의 이름이 비참하게 조롱당하자 그를 돌멩이로 쳐 죽인 걸로 모자라 당시 여부스 족속이 지배하던 예루살렘 한복판에 적장의 머리를 들고 올라가 보란 듯이 내걸었다. 이 땅에 선언될 여호와의 영광을 위해.

아직 정복되지 않은 적군의 땅, 예루살렘 시온성에 서서 소년 다윗은 이렇게 결심하지 않았을까.

'내가 기필코 다시 오리라. 돌아와 이 승리를 확정 지으리라.'

20년이 흘러, 그는 이스라엘의 왕이 되어 어릴 적 결의를 다졌던 예루살렘 시온성으로 돌아갔다. 성경은 다음과 같이 기록한다. 사무엘하 5장 7절을 보자.

다윗이 시온 산성을 빼앗았으니

이는 다윗 성이더라

이 한 구절에서 다윗이 겨냥한 뚜렷한 의도, 초지일관 투철했던 목표를 읽을 수 있다. 바로 '하나님의 통치의 회복'이다.

나는 이 선택과 승리가 너무도 감격스럽다. 다윗은 하나님이 이루려 하시는 과업을 온전히 이해했고, 그분의 설계도를 분명히 의식했기에 전쟁에 뛰어들었고 승리할 수 있었다. 이 전쟁은 정복을 향한 탐욕이나 영토 확장의 야욕으로 치른 게 결코 아니었다.

하나님께서 이스라엘에게 가나안 땅을 주시려 했던 이유가 단순히 자기 백성에게 국토가 필요해서였을까? 단순히 먹고살 땅을 주시기 위함이었을까? 한낱 영토 확장과 지배욕 때문에 가나안 정복을 위해 그토록 많은 피를 흘려야 했을까?

아니다. 하나님의 목적은 오직 그분의 백성이 제사장 나라로서 거룩히 구별되어 그분을 예배하게 하시기 위함이었다. 애초에 아브라함에게 약속을 주셨을 때부터 하나님의 설계도는 이 목적을 향해있었다.

그러나 안타깝게도, 가나안 정복 이후 이 미정복 지역을 향한 하나님의 뜻을 이해한 사람은 없었다. 이를 위해 피 흘리기까지 자기를 희생하며 싸우려 한 사람은 단 1명도 없었다. 아무도 꿈꾸지 않았고, 시도하지 않았기에 정복하지 못한 땅으로 남아있었다.

그런데 다윗이 왕위에 오르자마자 이 난공불락의 성을 침략한 것이다. 그동안 자신이 세운 모든 공훈이 이 과업을 위해 존재하기라도 한 듯이 그는 하나님의 통치를 거부하던 잔존 세력을 모조리 격파하고 그들의 말뚝을 뽑아버린다. 이것이 '목적의 승리'가 아니고 무엇일까? 온전한 목적이 이끈 눈부신 승리였다.

우리도 다윗의 분명한 목적의식을 삶의 본질로 삼아야 한다.

여섯 걸음

우리 인생을 향한 하나님의 목적과 설계는 무엇인가? 한평생 잘 먹고 잘사는 것인가? 돈과 성공과 명예와 쾌락을 좇으며 남 부럽지 않게 살다가 십자가 피 값으로 구원받아서 천국까지 가는 것인가?

정신 차리자. 우리의 인생은 '영원'을 위해 존재한다. 우리는 '그분의 영광'을 위한 존재다. 이 목적을 이해하고 이 목적 위에 인생을 세우길 원한다면, 이제 일어나 하나님의 통치에 굴복하지 않는 잔존 세력을 완전히 진멸해야 한다.

자, 그렇다면 이 견고한 적진은 어디에 있을까? 세상 정치 세력 가운데? 사악한 문화와 사상 가운데? 아니다. 가장 먼저 진멸해야 할 세력은 바로 우리 안에 있다. 우리의 영혼 깊은 곳에는 하나님의 임재를 거부하는 적군의 요새가 있다. 십자가에 굴복하지 않는 나의 의, 은혜에 저항하는 나의 교만, 거룩한 통치를 거부하는 나의 정욕이 진정으로 정복해야 할 적의 요새다.

그동안 우리는 이 요새를 허용했다. 암묵적으로 그들과 공존하며 두 마음으로 살았다. 영혼의 보좌에 두 주인이 앉아있었다. 이 두 지배 체계에 따라 삶의 방식은 갈팡질팡했다. 그러나 주님은 우리 영혼의 중심부에 그분의 통치가 임하길 원하신다. 우리 삶에 풍성한 임재를 부어주길 원하신다. 우리 인생의 성벽 위에 그분의 승리를 선언하길 원하신다.

일어나 싸워라. 영적 요새를 탈환하라. 싸우기로 결단하면 반드시 이긴다. 정복하기로 마음먹으면 반드시 무너진다. 또한 아무도 싸우지 않았기에 아무도 정복하지 못했던 이 시대정신을 장악하고, 하나님의 목적을 따라 담대히 나아가는 은혜가 있기를 축복한다.

방법의 승리

다윗이 승리한 두 번째 원인은 '방법의 승리'였다. 여부스 족속은 다윗의 군사들이 예루살렘을 침공할 거라는 소식을 전해 듣고 그들을 업신여기며 조롱했다. 6절을 보자.

> 왕과 그의 부하들이 예루살렘으로 가서
>
> 그 땅 주민 여부스 사람을 치려 하매
>
> 그 사람들이 다윗에게 이르되
>
> 네가 결코 이리로 들어오지 못하리라
>
> 맹인과 다리 저는 자라도 너를 물리치리라 하니
>
> 그들 생각에는 다윗이 이리로 들어오지 못하리라 함이나

왜 여부스 족속은 다윗의 막강한 군사력을 이렇게까지 비웃고 조롱했을까? 그들은 군사력 이전에 그들이 갖춘 요새의 방어책이 아주 견고했기에 누구도 이 성을 점령할 수 없다고 자신했다.

여섯 걸음

앞서 언급한 대로 여부스 족속이 거하던 시온성은 천혜의 요새였을 뿐 아니라 그 높은 곳으로 물을 공급하는 수로가 연결되어 있었기에 그야말로 난공불락의 성읍이었다. 그들은 예루살렘 동편 기드론 골짜기에 있는 기혼 샘에서 솟아나는 샘물을 지하 수로로 연결해 성안으로 공급했다. 그래서 공성전이 벌어져도 지하수로로 식수를 공급받았기에 물을 길으러 성 밖으로 나가지 않아도 됐다. 이 수로 시설은 그들이 성을 지키기 위한 완벽한 조건이었다.

그렇다면 다윗은 이러한 국방력과 군사 자원의 공급 체계까지 갖춘 시온성을 어떻게 점령한 걸까? 아마 다른 방법으로는 성을 점령할 수 없음을 알고, 정탐꾼을 보내 탐사했을 것이다. 그리고 성을 탈환할 결정적 전략을 얻는다. 8절 앞부분을 보자.

그날에 다윗이 이르기를 누구든지
여부스 사람을 치거든 물 긷는 데로 올라가서

다윗이 발견한 방법은 바로 "물 긷는 데"였다. 높은 절벽인 시온성에 기혼 샘물을 길어 올리는 바위벽을 타고 올라가는 게 그의 전략이었다. 그리고 이 방법은 적중했다. 수로로 잠입한 병사들이 성안으로 들어가 성문을 열자 대기하던 나머지 군사들이 일제히 성안으로 들어가 시온성을 점령해버렸다.

하늘의 지혜로 열어주셨던 싸움의 전략은 너무나 명쾌했다. 많은 피를 흘리거나 큰 희생을 감수할 필요도 없었다. 강한 것을 약하게, 약한 것을 강하게 들어 쓰시는 하나님의 방법이었다. 이것이 '방법의 승리'다.

여부스 족속의 자랑거리였던 전략적 공급처는 다윗에게 역이용되어 그들의 실패의 결정적인 원인이 되고 말았다. 자랑이 틈이 된 것이다. 이처럼 하나님의 지혜와 능력 앞에서 인생의 강함은 결정적인 틈이 되거나 실패의 원인이 되기도 한다.

여부스는 역사적으로 침략을 받아본 적 없던 난공불락의 요새를 의지해 안전을 확신했으나, 하나님은 이를 무용지물로 만드시고 그들을 부끄럽게 하셨다. 이를 통해 하나님께서 인생의 자랑을 어떻게 쓰시는지 알 수 있다. 또 인생의 번영에 기대어 안전을 추구하는 게 얼마나 위험한 일인지를 배운다.

우리는 말씀 위에서 '강함'과 '약함'을 재정의해야 한다. 과연 무엇이 우리의 강함이고 약함일까?

인생은 인생의 자원에 기대어 사치스러운 행복에 빠져서 살 만큼 호락호락하지 않다. 돈 좀 벌린다고 돈에 기대고, 이름 좀 날린다고 이름에 기대고, 유독 건강하다고 건강에 기대며 안전을 확신하다가는 인생의 성읍을 빼앗기고 만다.

결국 우리의 약함은 기신의 강림을 자신하는 교만에서 오고, 강함은 자신의 약함을 인식하는 겸손에서 온다. 이것이 하나님께서 우리를 승리로 이끌어 가시는 방법, 누구도 그분 앞에서 자랑할 수 없게 만드시는 하나님의 방법이다. 오직 겸손히 그분의 도우심을 구하는 자만이 인생을 승리로 이끌 수 있다.

마침내 다윗은 시온성을 점령하고 '다윗성'이라 이름을 붙인다. 이후 그 봉우리 위에는 여호와를 위한 성전이 세워지는데, 다윗은 그곳에 다윗의 장막을 세우고 언약궤를 안치한다.

그의 삶의 궤적은 예루살렘을 수도로 세우고, 시온성을 탈환하고, 블레셋을 정복하고, 언약궤를 안치하고, 그곳에 성전을 세우는 계획을 수립하는 것으로 마무리된다. 우리는 그가 인생의 목적을 권력과 지위에 두지 않고, 오직 하나님의 통치 선언과 이스라엘의 회복에 두었음을 본다. 이 유일한 삶의 목적이 그의 삶 전체를 관통하는 것에 깊이 감동하게 된다.

더 큰 걸음과 더 넓은 포용으로

다윗은 하나님의 뜻 위에서 하나님의 방법으로 인생을 살았다. 그런 그를 하나님께서 어떻게 대하시는지를 보라. 10, 11절을 통해 다윗의 전성기를 볼 수 있다.

만군의 하나님 여호와께서 함께 계시니

다윗이 점점 강성하여 가니라

두로 왕 히람이 다윗에게 사절들과 백향목과

목수와 석수를 보내매 그들이 다윗을 위하여 집을 지으니

다윗의 위세가 얼마나 대단했는지 이방 나라 두로의 왕 히람이 다윗의 환심을 사기 위해 자발적으로 머리를 조아리며 최고급 목재와 석재를 가져다가 다윗의 왕궁을 지어준다. 주변 열강에 대한 다윗의 지배력이 얼마나 강력했는지를 보여주는 장면이다.

당시 그에게는 필적할 만한 적이 없었다. 10절에 "다윗이 점점 강성하여 가니라"라는 구절은 히브리어로 '할로크 브가돌'이라고 기록된다. 이를 직역하면 '더 큰 걸음과 더 넓은 포용으로 전진해 갔다'라는 의미다. 이처럼 다윗의 강성함은 단순히 연이은 성공 사례의 축적을 말하는 게 아니라 그의 성장과 성숙을 담고 있었다. 그가 '더욱더 다윗다워졌다'라는 뜻이다. '더욱더 다윗다워지다'라는 말이 얼마나 좋은 말인가.

사람은 잘 변한다. 인생의 변화에 따라 목적이 변하고 초점도, 본질도 변한다. 뿌리와 쉽게 단절된다. 한때 하나님을 향한 순수한 열망과 예배적 초심을 가졌던 이들이 성공을 맛본 후 돌연 변질되고, 안정적 기반 위에서 허약해지고, 고난을 겪은 뒤 빛을 잃어버리곤 한다.

반면에 오랜 세월이 지나도 인생의 핵심 단어를 똑같이 적어 내

려가는 사람들은 아름답다. 사랑, 사명, 부르심, 순전함, 예배, 선교, 부흥, 목마름 등 퇴색되지 않는 이 단어들이 우리 인생의 영원한 주제어가 되기를 바란다.

다윗은 도피 생활과 정치적 망명과 숱한 전쟁과 권력 다툼 속에서도 그의 유일한 인생 목적을 흔들림 없이 붙들었다. 사울의 끈질긴 위협과 적대감에도, 블레셋과의 반복적인 전쟁에도 독기만 남거나 영혼이 피폐해지지 않았다. 과거의 업적과 공로를 우려먹으며 명성에 집착하지도 않았다. 무엇보다 그는 왕좌에 올라서도 사치와 쾌락의 삶을 탐닉하지 않았다.

끝까지 하나님의 설계도에 충실했기에 자기 삶을 안전하게 세워갈 수 있었다. 비록 이 안전이 위험과 전쟁을 담보로 할지라도 그는 굴하지 않았다.

이집트 기자의 '쿠푸왕 피라미드'는 '고대의 세계 7대 불가사의' 중에서 유일하게 원형이 잘 보존된 건축물이라고 한다. '바벨론의 공중정원'과 '올림피아의 제우스신상', '파로스 섬의 등대'와 같은 유물은 기록상 일화만 남아있을 뿐 실물이 보존되지는 못했다. 수많은 전란과 지진 등의 자연재해로 흔적조차 남지 않고 무너져 내렸기 때문이다.

그 위엄과 장관이 너무도 놀랍고 경이로웠으나 결국 역사 속으로 사라져 버린 다른 유물들과 달리 쿠푸왕 피라미드가 4천 년이 넘도록 원형을 유지해온 비결은 무엇일까? 미술가 안규철의 책 《사물의 뒷모습》을 보면 원형 보존의 비결을 다음과 같이 이야기한다.

"피라미드의 단호하고 명료한 기하학적 형태에는 더 이상 덧붙이거나 덜어낼 것이 없다. 무너지지 않는 것만이 유일하고 최종적인 목적인 것처럼 피라미드에는 무너질 것이 아무것도 없다. 피라미드 설계자들은 중력에 맞서는 것이 아니라 중력을 설득하는 방법을 택했다. 원하는 높이에 마지막 돌 하나를 올려놓기 위해 수만 개의 돌을 차곡차곡 쌓아 올리면서 쓰러질 것은 처음부터 쓰러뜨렸고, 기울어질 것은 처음부터 기울여 놓았다."

이 글에서 심오한 통찰을 읽었다. 쓰러질 것은 처음부터 쓰러뜨리고, 기울어질 것은 처음부터 기울여 놓아 4천여 년이 지나도록 끄떡없이 건재한 건축물.

이 원리를 삶에 적용해보자. 우리 삶에 쓰러질 것들은 처음부터 가져다 놓을 필요가 없다. 기울어질 것들은 애초에 세울 필요가 없다. 그렇게 인생을 쌓아 올려야 어떤 흔들림과 자극에도 쓰러지지 않고, 수만 개의 돌의 하중도 견딜 수 있다. 존재하는 한 거스를 수 없는 중력마저도 설득할 수 있다.

인생에서 결국 쓰러지고 기울어질 것은 무엇인가? 하나님의 설계와 목적에 합당하지 않은 것들이다. 그것들로 인생의 집을 짓겠는가? 자기 의, 자기 확신, 안목의 정욕, 이생의 자랑, 시시각각

변하는 감정과 기분 같은 것들은 언젠가 무너지고 사라진다. 설계에 고려해서는 안 될 요소다.

인생은 오직 하나님의 뜻에 합당하게 설계해야 한다. 그분의 목적과 방법 위에 삶을 올려놓는 거다. 그럴 때 '할로크 브가돌', 더 큰 걸음과 너른 품으로 전진할 수 있다. 발에 아무리 땀이 나게 뛰어도 큰 걸음을 이길 수는 없다.

다윗의 인생은 '자이언트 스텝'으로 확장됐다. 이 한 사람의 자이언트 스텝으로 이스라엘 국토는 이전보다 열 배나 확장되었다. 그는 수시로 자국 영토를 침입하며 괴롭히던 적들을 완전히 소탕한 최고의 정복자였다. 또한 탁월한 전술가이자 전략가로서 광범위한 교역로를 건설하여 주변 지역으로부터 물자를 활발히 공급받았다. 이 상업 도로를 통해 앗시리아, 아라비아, 이집트, 페니키아 등의 먼 나라로부터 엄청난 물자와 부가 이스라엘로 흘러들어왔고, 이전에 누려보지 못한 문화가 유입되었다.

다윗은 권세와 자원을 훌륭하게 활용하고 조직적으로 경영하며 당시 근동 세계의 가장 강력한 군주가 됐다. 그의 통치에는 변함없는 목적의식이 늘 함께했다. 12절의 고백에서 그의 중심을 읽을 수 있다.

다윗이 여호와께서 자기를 세우사

이스라엘 왕으로 삼으신 것과

그의 백성 이스라엘을 위하여

그 나라를 높이신 것을 알았더라

    다윗은 자신에게 허락된 성공과 번영을 은혜 안에서 해석했다.
하나님의 은혜의 역사가 이어지는 선순환은 바로 이 중심에서부
터 나온다.

    은혜를 은혜로 아는 겸손, 이것이 하나님의 설계 도면 위에서
그분의 목적을 따라 인생을 세우고 성장하며 완성하는 진정한
'할로크 브가돌'의 삶인 줄 믿는다.

chapter five

왕의 비밀

시 27편

♦ ♦ ♦ ♦ ♦ ♦

구해야 할 단 한 가지

미국에서 성공 신화를 쓰고 있는 게리 켈러의 이야기다. 처음 회사를 차렸을 때 그는 거의 모든 일을 도맡아도 제대로 되는 게 없어서 좌절했다고 한다. 그런데 정확히 3년 뒤, 연 성장률 40퍼센트를 달성하며 현재 전 세계에서 두 번째로 큰 투자개발 회사를 일궈냈고, 그 기적 같은 성장곡선을 가능케 한 비결을 담은 책 《원씽》을 출간했다. 책은 세상에 나오자마자 단연 베스트셀러에 올랐다.

책에서 그는 자신이 겪은 시행착오를 소개하는데, 회사 설립 초기에 그에겐 헛된 믿음이 하나 있었다고 한다. 바로 '모든 일은 나름대로 중요하다'라는 것.

그래서 매일 아침 수첩을 펴서 그날 할 일을 쭉 적은 다음, 하나씩 사력을 다해 지워나갔다. 마치 이것들만 다 하면 엄청난 결과가 기다릴 것 같았지만, 그것은 완벽한 허상이었다.

여섯 걸음

할 일은 계속 늘어났고, 그에 따라 일하는 시간도 늘려갔지만 그럴수록 결과는 더 최악으로 치닫는, 그야말로 악순환의 연속이었다. 결국 한계에 다다라서야 그는 결단했다. 다 지우고 딱 하나만 남기기로. 본질적으로 가장 중요한 단 하나만 파보기로 말이다.

그렇게 3년이 지나고서야 그는 깨달았다. 성공은 '누가 더 많은 걸 때려잡느냐' 하는 두더지 게임이 아니라 '누가 단 하나를 넘어뜨릴 수 있느냐' 하는 도미노 게임이라는 것을. 한번 넘어지기 시작하면 멈추지 않는 도미노처럼 성공도 순차적으로 일어났다.

물론 이걸 깨닫는다고 삶이 하루아침에 달라지진 않는다. 당장 다음 날이면 눈앞에 쌓여있는 일더미에서 허우적거리기 일쑤다. 하지만 게리 켈러는 그럴수록 우선된 한 가지에 집중해보라고 말한다. 본질에 닿아있는 한 가지 일을 찾아 집중하고, 온 힘을 다하라는 거다. 가장 중요한 하나를 잘 해내면 다른 일들은 수월해지거나 할 필요가 없어지기 때문이다. 더 나아가 그는 그 하나를 찾기 위해 스스로 어떤 질문을 해야 하며, 이를 어떻게 습관화하고 삶에 적용할지를 이야기한다.

인생은 생각보다 짧다. 나이가 들수록 시간은 눈 깜짝할 사이에 스쳐 지나간다. 이 유한한 인생을 낭비하지 않고 지혜롭게 관리할 필요성을 절실히 느낀다.

그러기 위해 너무 많은 걸 하려고 하면 안 된다. 쉴 틈 없이 올라오는 인생의 두더지들을 모두 때려잡을 수는 없다. 대신 한 가지 핵심을 찾아야 한다. 온 힘을 기울여 그것을 넘어뜨리면 나머지는 도미노처럼 연쇄작용을 일으켜 쉽게 해결될 줄 믿는다.

그렇다면 인생에서 가장 절실하게 찾고 갈망해야 할 본질은 무엇일까? 당신은 무엇에 집중하겠는가?

다윗은 그 한 가지를 정확히 알았다. 그리고 그것에 놀랍도록 집중했다. 바로 '하나님의 임재'였다. 그는 하나님의 임재를 늘 찾고 추구하며 전심으로 갈망했다. 그의 중심은 정말이지 보석 같은 마음이었다. 이것은 하나님이 찾으시는 것과 정확히 일치했다.

다윗은 '예배의 아이콘'이다. 오늘날 다윗은 예배자들의 표상이 되었다. 많은 사람이 다윗의 시편을 인용해 예배적 고백을 올려드리며, 수천 년 전 광야에서 불리던 노래가 이 세대에도 여전히 울려 퍼지고 있다. 교회 좀 다녀본 사람은 다윗의 예배에 대해 한 번쯤 들어봤을 것이다.

사람들은 그의 감미로운 시적 고백을 통해 예배하기에 익숙하다. 하지만 이 고백들이 실제로 어떤 상황에서, 어떤 깊이와 무게감으로 전해졌는지는 잘 알지 못한다. 어떤 고백은 사방에 군대가 에워쌀 때 지어졌고, 어떤 노래는 다윗의 온 청춘이 이스라엘의 최고 권력자인 사울의 창끝에 겨냥되어 있던 서글픈 날들에 지어졌다. 주위를 둘러봐도 도울 이 하나 없던 황량한 광야 한복판에서 그는 이 고백들을 읊조렸다. 그러나 그의 노래는 환한 빛 같아서 어둡던 시대와 내면을 밝게 비추었고, 끝내 그의 영혼을 빛으로 뒤덮었다.

때로 다윗의 노래는 생의 마지막 말처럼 비장하고 장렬했다. 그만큼 그의 인생은 매 순간 위험했고 치열했으며 파란만장했다. 우리는 그의 노래를 주로 낭만적이고 서정적으로 인용하곤 하지만, 그의 시편의 고백들은 의사의 진단서나 법원의 선고문처럼 날카롭고, 전쟁 속 포화처럼 강렬한 말들이었다.

다윗의 생애를 깊이 묵상하면서 결코 범접하기 힘든 그의 고백에 가까이 다가가기를 원한다. 나는 시편의 고백 중에서도 특별히 본문 말씀을 참 좋아한다. 하나님을 향한 다윗의 갈망이 아주 잘 담겨있기 때문이다. 먼저 시편 27편 4절을 보자.

내가 여호와께 바라는 **한 가지 일** 그것을 구하리니
곧 내가 내 평생에 여호와의 집에 살면서
여호와의 아름다움을 **바라보며**
그의 성전에서 사모하는 그것이라

다윗이 여호와를 향해 '한 가지'를 구한다고 선언한다. "한 가지 일"에 해당하는 히브리어 '아하트'는 본문에서 목적어에 해당

한다. 히브리어에서 목적어는 동사나 주어 뒤에 나오는 게 일반 적인데, 히브리 성경을 보면, 다윗은 목적어에 해당하는 이 아하트를 본문의 가장 앞에 배치했다. 매우 강조한다는 뜻이다.

유일한 건 도달하기 어렵다. 소원을 딱 한 가지만 말해보라고 하면 아마 누구든 쉽게 대답하지 못할 것이다. 유일하려면 절대적이어야 하기 때문이다. 그 외의 것들은 유일한 것보다 절대적으로 하위에 있어야 한다. 그런데 다윗은 하나님께 바라는 절대적인 한 가지가 있다고 선언한다.

"내 평생에 여호와의 집에 살면서 여호와의 아름다움을 바라보며 그의 성전에서 사모하는 그것이라."

이 시편 27편의 배경은 두 가지 상황으로 해석되곤 한다. 다윗이 블레셋의 거인 이스비브놉의 공격을 받은 상황이나 아들 압살롬의 반역 당시로 추정한다(삼하 15, 21장). 앞선 3절의 고백처럼 군대가 다윗을 대적하여 진을 치고, 전쟁이 일어나 그를 치려 하는 아주 위급하고 긴박한 상황이었다.

왕위는 위태로웠고, 목숨은 경각에 달려있었다. 그런데 원망과 불평과 비탄이 터져 나올 상황에서 다윗은 주님 가까이에 거하며 그분을 더 사랑하길 원한다고 구했다. 그는 목에 칼이 들어온 순간에조차 오로지 하나님을 향한 사랑을 고백하는 데 여념이 없었다.

이때 "바라보며"로 번역된 히브리어 동사는 '하나님의 아름다

우심에 황홀해하며 거기에 빨려들 듯이 몰두하는 심경'을 나타낸다. 그야말로 상황과 환경을 초월하여 자신을 잊고, 오로지 여호와께 집중한 사랑이었다.

다윗은 왜 수많은 항목을 제쳐두고 이 한 가지를 구한 걸까? 우리 인생에 세 가지 질문을 던져보며 그의 마음에 가까이 다가가 보자.

하나님으로만 채워보았는가?

첫 번째 질문이다. 다윗이 생의 소원을 이 한 가지에 담아낼 수 있었던 긴, 이것만으로 모든 게 채워진 경험이 있었기 때문이다. 우리도 마찬가지다. 이 채움의 경험이 없으면 이 한 가지 갈망도 있을 수 없다.

다윗의 어린 시절에 대한 기록을 성경에서 찾아보기는 힘들지만, 시편을 통해 유추해보면 그의 소년기는 심각한 결핍이 있었을 것이라 생각된다.

사무엘이 베들레헴에 있는 이새의 집에 찾아간 장면을 떠올려보라(삼상 16:1-13). 이새는 일곱 아들을 불러 사무엘 앞에 세웠다. 분명 이들은 다윗보다 뛰어났을 것이다. 숫자 7은 성경에서 완전수로, 그들의 육신의 완전함을 의미한다. 이새와 사무엘 앞에 도열한 이 완전체와 철저하게 배제된 한 소년을 상상해보라. 막내인 다윗은 있으나 마나 한 존재였다. 다윗 일가는 그가 없어도 완전했다.

게다가 성경을 통틀어 다윗의 어머니가 언급된 곳이 없다. 어머니의 존재가 생략된 걸로 보아 '다윗에게 심각한 모성 결핍이 있지 않았을까' 추측해볼 수 있다. 그는 아버지의 인정도, 어머니의 돌봄도 받지 못한 인생이었다.

그러나 하나님께서는 다윗보다 지성적이고 빼어났던 인간의 완전함(일곱 형제)을 거절하시고, 어린 소년 다윗을 그분이 예정하신 보좌에 앉히셨다. 분명 그날 사무엘과의 첫 만남 훨씬 이전부터 다윗의 중심을 살피시고 그를 택하셨던 것이다.

지금부터 성경에 기록되지 않은 하나님과 다윗의 사건을 시편의 내용을 근거로 재구성해보려 한다. 성경의 내용을 토대로 상상해본 다윗의 이야기이다.

다윗은 자신이 부모에게서 버림을 받았다고 언급했다.

"내 부모는 나를 버렸으나 여호와는 나를 영접하시리이다"(시 27:10).

그는 자신의 존재 가치를 가족 안에서 한 번도 느껴보지 못했을 것이다. 어머니의 사랑은 애초에 생략되었고, 아버지의 돌봄과 인정은 잔인하리만치 결여되었다.

그는 매일 아침 들에 나가 아버지의 양을 쳤다. 양의 필요를 세심하게 살피고 꼼꼼히 챙기는 성실한 목자였을 것이다. 어쩌면 자신을 의존하는 양 떼에게서 겨우 존재감을 느끼는 아이였는지도 모른다. 양들을 충실하게 보살피며 자신에게도 이런 애정 어린 손길이 필요함을 느끼고 상대적 박탈감을 느꼈을지도 모른다.

다윗은 분명 깊은 내적 심연을 지닌 인격체였다. 무엇보다 그는 시인이었다. 그의 심령은 명상적이고, 사고는 깊이 있고 통찰력이 있었다. 감정은 매우 풍부했으며 감성의 결 또한 섬세했다. 이런 기질인 그에게 꼭 필요한 사랑과 애정이 애초부터 결핍되어 있었다고 생각해보라. 그는 어린 시절부터 인생의 허기를 크게 느낄 수밖에 없었을 것이다.

《시와 산책》이라는 책에 이런 구절이 있다.

"사랑하는 것을 잃었을 때 사람의 마음은 가장 커진다. 너무 커서 거기에는 바다도 있고 벼랑도 있고 낮과 밤이 동시에 있다."

다윗의 마음속 구멍은 너무 커서 바다도 있고, 벼랑도 있고, 밤이 깊어있었을 것이다. 이 구멍을 무엇으로도 메꿀 수가 없었다. 이 허기를 무엇으로도 달랠 수가 없었다.

윤동주 시인의 시 〈별 헤는 밤〉을 아는가. 밤 하늘을 하염없이 바라보며 별을 헤아리는 것 자체가 시인의 정서와 기질을 가진 사람에게서 나오는 행동이다. 어느 누가 밤하늘 아래서 별을 헤아리는 일에 몰두하며 밤을 보내려 하겠는가. 나는 이 시를 읽을 때마다 천부적 시인 소년 다윗이 생각난다.

별빛이 쏟아지던 어느 날, 양을 치던 소년 다윗이 까만 하늘에 수놓인 별들을 바라보며 이렇게 중얼거렸을지 모른다는 상상을 하곤 했다.

"별 하나에 추억과, 별 하나에 사랑과, 별 하나에 쓸쓸함과, 별 하나에 동경과, 별 하나에 시와, 별 하나에 어머니, 어머니…."

그도 별빛 아래서 많은 시를 썼다. 밤이 새도록 하염없이 별을 헤아렸다는 시인처럼 소년 다윗도 그렇게 별을 헤아렸을지 모른다. 별 하나에 그립고 먼 이름들을 붙여가면서. 어머니 그리고 아버지.

그에겐 부를 수 있는 이름이 없었다. 받아본 사랑이 없어 텅 빈 마음의 구멍을 채워줄 사랑이 어디에도 없었다. 그래서 그저 부를 수 없는 이름을 조심스레 웅얼거렸다.

그런데 바로 그때 저 멀리 깊은 밤하늘로부터 응답이 들려왔다. 그의 마음에 또렷이 들리는 음성이 있었다.

'다윗, 나의 사랑 다윗아!'

하나님의 부름이었다. 그는 그곳에서 하나님을 만났다.

또 어느 날이었다. 어린 목자 다윗이 산기슭에서 양 떼를 지킬 때였다. 어둠 속에서 맹수의 사나운 눈빛이 작은 불빛처럼 이글거렸다. 다윗은 혼자 위험에 식면해야만 했다.

그는 아버지의 양을 지켜야 했지만, 너무 어려서 자신을 지킬

힘조차 없었다. 그런데 그때 그는 직감했다. 사나운 맹수와 자기 사이에 주님이 서계심을. 손에 쥔 것이라고는 막대기와 물맷돌 뿐이었지만, 주님을 의지하자 사나운 들짐승을 상대로 용맹스럽게 싸울 수 있었다. 그분을 의지할 때마다 구원이 임했다. 그래서 홀로 양을 지키러 산으로 들로 다녀도 외롭거나 두렵지 않았다. 하나님이 함께하시면 무엇이든 할 수 있을 것 같았다.

그는 하나님의 영광을 담아낸 하늘과 창조주의 숨결이 깃든 광활한 대지를 보았다. 홀로 밤을 마주할 때면 기쁨의 노래를 불렀다. 노래 속에서 주님의 얼굴을 보았다. 그분의 시선이 자신의 인생을 주목하고 계심을 느꼈다. 노래 속에서 주님의 이름을 불렀다. 그러면 주님의 부름이 들려왔다. 이 부름만으로 그는 벅차게 행복했다.

이때 다윗은 하나님을 뭐라고 불렀을까? 그가 처음 하나님을 "아버지…"라고 불렀을 때, 참아왔던 눈물이 쏟아졌으리라.

홀로 감당해야 했던 외로움과 영혼의 허기는 이 부름만으로 온전히 채워졌다. 하나님 한 분이면 충분했다. 모든 것이 채워졌으니까. 이것이 다윗이 구한 유일한 갈망의 비밀이었다.

인생의 어두운 날, 그 누구의 이름조차 부를 수 없을 때 '아버지'를 불러보라. 그 끝에 우리 이름을 부르시는 하늘의 부름을 들을 수 있을 것이다.

또한 다윗에게는 하나님과 교통하는 은밀한 처소가 있었다. 이 장소는 어떤 의미가 있었을까? 5절을 보자.

여호와께서 환난 날에 나를

그의 초막 속에 비밀히 지키시고

그의 **장막 은밀한** 곳에 나를 숨기시며

높은 바위 위에 두시리로다

각 국가에는 여러 나라의 대사들이 와있다. 그리고 주재국의 수도에는 대사관이 있다. 만일 외국에서 위험에 처하면 어디로 달려가야 할까? 바로 대사관이다. 본국 대사관에 발을 들여놓는 순간 대사관 내 영지에서는 국제법에 따라 본국의 법령을 적용한다. 어느 나라에 있어도 그 영지 내에서는 불가침권을 갖는다. 또 허가 없이 대사관에 침입하면 본국 영토에 침입한 것과 동일하므로 전쟁이 발생하게 된다.

다윗은 인생이 곤궁할 때마다 어디로 달려갔을까? 군대가 그를 에워싸고 치려 할 때 힘써 달려간 곳이 어디였을까? 바로 "지존자의 은밀한 곳", "전능자의 그늘 아래"(시 91:1) 곧 여호와의 장막 속 은밀한 곳이었다.

여기서 "장막"에 해당하는 히브리어 '오헬'은 하나님의 장막, 곧 성막을 의미한다. 그리고 "은밀한"으로 번역된 '쎄테르'는 '덮

개, 숨은 장소'라는 뜻으로 지성소를 의미한다.

주님은 누구나 들어갈 수 없는 깊이의 장소, 그 임재 안에 다윗을 숨기고 보호하셨다. 그곳은 오직 하나님의 법과 주권과 보호만이 적용되는 곳, 누구도 범접하거나 침범할 수 없는 절대주권의 영역이었다. 다윗은 인생의 위기마다 이 안전지대를 파고들었다. 이 은밀한 피난처로 달려갔다. 이것이 그의 진짜 비밀이다.

당신도 이 비밀을 소유하라. 어떤 일을 만나든지 달려갈 곳이 있다는 게 얼마나 큰 축복인가. 인생의 어떤 위험과 공격도 침범할 수 없는 주님의 임재와 보호의 처소에서 하나님 한 분으로 영혼을 온전히 채우기를 축원한다.

하나님만이 목적이 되는가?

다윗의 중심을 배우기 위해 인생에 던져볼 두 번째 질문이다. 그가 여호와께 순수하게 구했던 한 가지는 앞서 말한 대로 하나님 그 자체였다. 이러한 다윗의 신앙의 정수는 그의 '언약궤 신앙'에서 잘 드러난다.

언약궤는 하나님의 임재와 복음을 상징과 이미지로 표현한다. 이 궤에는 이스라엘 백성의 죄를 보여주는 십계명 두 돌판과 하나님의 인도하심을 상징하는 아론의 싹 난 지팡이와 만나를 넣은 항아리가 들어있었다. 궤의 덮개는 하나님의 보좌를 상징하는 '시은좌'(施恩座) 혹은 이스라엘 백성의 허물과 죄를 사해주시는 '속죄소'(贖罪所)로 불렸다. 시은좌에는 하나님의 영광을 지키는 두 그룹, 즉 천사들이 서로 마주 서서 속죄소를 바라보고 있었다.

대제사장은 일 년에 한 차례씩 이 언약궤가 있는 지성소에 들어갈 수 있었다. 그는 희생 제물의 피를 가지고 들어가 시은좌에 뿌려야 했다. 이 행위는 십계명으로 대표되는 율법의 모든 저주에서 속죄를 얻게 된다는 의미로 그리스도의 보혈을 상징했다.

그리스도의 속죄하심으로 인해 어떤 일이 일어났는가? 시은좌, 곧 하나님의 보좌로부터 그분의 긍휼과 은혜가 인간에게 흘러오게 되었다. 이처럼 언약궤는 복음을 상징적으로 재연해냈다.

그런데 역사적으로 이스라엘 백성에게 이 궤는 마술적인 마스코트처럼 전락해버리고 말았다. 진정한 왕의 현존을 상징하던 언약궤를 메고 요단강에 들어가자 강이 갈라졌고, 여리고 성을 일곱 바퀴 돌자 성벽이 무너졌다. 그러자 이후 타락한 신앙인들은 이 궤를 그저 영험한 능력의 출처로 생각해 전쟁터마다 끌고 다녔다.

결정적으로 엘리 제사장의 두 아들 홉니와 비느하스가 블레셋과의 전쟁에서 이스라엘이 불리해지자 언약궤를 가지고 나갔다. 하나님 앞에 일말이 경외감이 ㅣ 검간의 능력도 없빈 그들이 여호와의 영광과 임재의 상징인 언약궤를 전장에 가져간 거다. 그들에게 이 궤는 승리를 부르는 마스코트에 불과했다. 어디든 부적처럼 가지고 다니기만 해도 효력이 있을 거라고 믿을 뿐, 하나님의 존재는 안중에도 없었다. 정말이지 발칙한 믿음이다.

하나님은 그런 그들의 중심을 조롱하셨다. 그들은 언약궤를 가지고 나갔음에도 전쟁에서 패했다. 믿었던 것에 발등을 찍히고 말았다. 이후 언약궤는 이스라엘의 통치 중심에 들어오지 못하고 70년간 주변국에서 방치됐다. 그 존재가 완전히 잊혀진 것이다.

어떻게 이럴 수 있었을까? 언약궤가 이스라엘에게 더는 이용 가치가 없었기 때문이다. 그들은 유용함이 사라진 언약궤를 두려움과 부담으로만 느꼈다. 이러한 태도는 그들의 영적 상태를 여실히 드러냈다.

안타깝게도 나는 이 시대, 이 세대의 신앙이 당시 이스라엘의 신앙과 닮았다고 느낀다. 하나님의 이용 가치를 따지고, 삶에 유용하지 않은 신앙생활은 쓸모없게 여기며, 불리한 전세에 신통한 능력을 발휘하는 언약궤처럼 기도만 하면 이루어지고, 믿기만 하면 그대로 될 줄 알았던 일들이 여러 차례 무산되거나 좌절되면 곧장 회의에 빠지는 신앙.

'통장 잔고 하나 늘려주지 못하는 하나님, 질병 하나 고치지 못하는 하나님, 내 사업과 인간관계와 스펙과 일상에 아무런 도움도 주지 못하는 하나님' 운운하며 하나님의 '쓸모'가 사라지면 금세 그분의 존재마저 부정해버리는 사람들. 그들은 말한다.

"예수 믿어도 잘되는 일 하나 없던데, 믿어서 뭐 해요. 쩨쩨하게 기도 하나 속 시원하게 들어주시지 않는 분이 과연 전능하신 하나님인가요?"

실망과 좌절의 내용을 가만히 들여다보면 우리의 신앙이 결국 하나님의 이용 가치를 따지고 있음을 알게 된다. 하나님이 무언가를 해주시는 분이라는 기대만 가득할 뿐, 그분 자체를 알고, 그분을 더욱 사랑하고픈 갈망은 찾아볼 수 없다.

왜 하나님은 우리 인생에서 목적 자체가 되시질 못할까? 그분은 언제나 행복을 위한 수단이셔야 할까? 이러한 마음의 동기로는 결코 그분을 우리 중심에 모실 수 없다. 하나님이 진짜 하나님이 되시지 못한다. 결국 언약궤가 이스라엘 변방에 70년 동안 방치되었듯이 하나님의 존재가 삶의 가장자리로 내몰려서 기억조차 하지 않게 된다.

그런데 당시 이스라엘에는 잊혀진 언약궤의 존재를 끊임없이 그리워하던 유일한 사람이 있었다. 그는 하나님의 자리를 제자리로 돌려놓고, 그분의 가치를 바로 세우길 간절히 원했다. 바로 하나님 마음에 합한 사람, 다윗이었다.

이스라엘의 왕으로서 그가 수행한 첫 번째 임무는 사람들의 뇌리에서 오랫동안 잊혀졌던 언약궤를 예루살렘으로 가져오는 거였다. 그의 마음에 불 일 듯하던 이 거룩한 관심에 대해 어떤 설명이 더 필요하겠는가.

그토록 오래 고대하던 이스라엘의 왕이 되자마자 그는 이 일에 착수한다. 광야의 도망자 생활이 종식되고, 끝없는 정복 전쟁으로 칼과 방패를 지니고 살던 날들도 그치고, 드디어 왕의 궁전에서 호의호식할 수 있는 그때, 그의 시선은 언약궤로 향했다. 자나 깨나 앉으나 서나 언약궤 생각뿐이었다.

왜 하나님께서 다윗을 '하나님 마음에 합한 사람'이라고 부르셨는지, 그렇게 불리는 것이 얼마나 적절한지를 이 지점에서 깨닫는다. 블레셋에게 승리를 거둔 후에 성경에 난데없이 끼워 넣은 듯 연이어 등장하는 언약궤의 이야기가 다윗의 영성의 위대함을 잘 보여준다. 나는 사무엘하 5장과 6장 사이에 이런 소제목을 붙이고 싶다.

"지극히 아름다운 관심."

내가 느끼기에 이 관심은 '그리움'으로 불리는 게 더 적합하다. 다윗은 하나님을 그리워했다. 그는 이스라엘 역사에서 하나님의 통치의 부재를 견딜 수 없었다.

게다가 그가 그토록 사모하던 언약궤엔 하나님의 임재의 특별한 표식이 존재했다. 다윗이 언약궤를 예루살렘으로 가져오려 했을 때 그의 관심과 열망은 언약궤 위 시은좌 사이에 머물던 파란 불꽃에 가있었다. 바로 하나님의 현현(顯現)을 상징하는 '쉐키나'(shekinah)의 영광이었다.

다윗은 주님의 임재가 그리웠기에 언약궤가 가져다주는 어떤 보상보다 주님의 현현을 드러내는 이 푸른 불꽃을 보길 열망했다. 그는 아무도 없는 고독한 들판에서조차 주님의 임재만으로 충분했으며 초라한 베들레헴 에브라다의 목초지에서도 하나님의 영광 보기를 사모하던 사람이었다.

이후 사무엘하 7장 18절에 감동적인 장면이 등장한다. 성경에서 큰 주목을 받지 못했던 이 장면을 깊이 묵상해보는 것만으로 다윗의 중심을 조금 더 이해할 수 있을 것이다.

다윗 왕이 여호와 앞에 들어가 앉아서

"여호와 앞에"라는 말은 '여호와의 궤 앞'을 의미한다. 앞서 다윗 왕은 예루살렘 중심부에 여호와의 궤를 메어 와서 예비했던 장막 안에 안치했다. 이것이 그 유명한 '다윗의 장막'이다. 그러니 이 말씀은 다윗이 궁전을 떠나 거룩한 궤가 안치되었던 장막에 들어와 궤 앞에 앉아있는 장면이다.

이때 "앉아서"로 번역된 '에쉐브'는 '오랫동안 머물다'라는 의미로 다윗이 오래도록 주님 앞에 앉아 얼굴과 얼굴을 마주하듯 그분과 대면했음을 알 수 있다.

나는 이 장면을 그려보는 것만으로 목이 멘다. 다윗이 푸른 불꽃 곧 주님의 임재 앞에 앉아있다. 그토록 주님의 영광을 보길 원했기에 시간 가는 줄 모르고 쉐키나의 영광을 바라보고 있었을 것이다. 그러고서 다윗이 어떤 고백을 하는가? 궤 앞에 어떤 마음을 쏟아놓는가?

주 여호와여 나는 누구이오며
내 집은 무엇이기에
나를 여기까지 이르게 하셨나이까

"주 여호와여 나는 누구이오며", 이 구절은 말할 수 없이 아름답다. 그는 주님의 임재와 영광 앞에 미천한 자신이 앉아있는 걸 보았다. 주님을 하염없이 바라보고 있자니 자신이 누구인지 알 것 같았다. 주님의 은혜를 생각하니 삶이 해석됐다. 그는 자신의 존재가 하나님이 아니면, 그분의 은혜가 아니면 설명될 수 없음을 알았다.

어쩌면 다윗의 중심을 배우기 위해 인생에 던질 두 번째 질문 '하나님만이 목적이 되는가?'를 이렇게 바꿔보면 어떨까.

"하나님 앞에 앉아보았는가?"

하나님만이 목적이 되는 삶은 극단적인 자기 포기와 내려놓음을 강요받는 삶이 아니다. 이것은 그저 하나님을 알면 자연스럽게 가능해지는 삶이다.

한번 하나님 앞에 앉아보라. 주님의 임재에 가까이 나아와 고요히 머물러보라. 주님의 주(主)되심과 영광을 묵상해보라. 그러면 하나님께서 우리 인생의 목적이 되신다. 그분 앞에 앉을 때 '나'는 완전히 무의미해진다. 하지만 그것이 '나'를 완전히 의미 있게 만든다.

다윗은 주님 앞에 머물러보았기에 그분만이 목적이 되는 삶을 살 수 있었다. 이 전제가 선행되었기에 가능했다. 그는 유용함 따위로 하나님의 가치를 평가하는 사람들과는 달랐다.

이러한 다윗의 중심은 훗날 큰 시련 앞에서도 빛을 발했다. 아들 압살롬의 역모로 피난길에 오르는 비참한 상황에서 제사장 아비아달과 사독은 언약궤를 가지고 나왔다. 당시 언약궤는 영적인 의미뿐 아니라 정치 권력적 수단이기도 했기에 두 제사장은 언약궤의 보호를 받고 싶었을 것이다. 게다가 이 언약궤는 다윗이 왕위에 등극하자마자 가장 먼저 예루살렘 중심부로 옮겨온 거였다. 그런데 다윗은 언약궤를 다시 예루살렘으로 돌려보내라고 명령했다.

이 명령 앞에 얼마나 숙연해지는가! 다윗은 인생 최대의 위기에 놓여있었다. 정치권은 분열하여 반역한 아들의 세력에 편승했고, 자신은 황급히 도망치는 신세였다. 그런 와중에 그는 자신의 왕권을 지키기 위한 최후 수단이기도 했던 언약궤를 예루살렘으로 돌려보내라고 명령한 것이다. 하나님의 임재와 권능의 강력한 상징물을 자기 안위를 위해 이용하고 싶지 않았기 때문이다.

그는 하나님을 이용하고 싶지 않았다. 자기 목숨이 아들의 칼 끝에 달려있고 신복의 배반의 칼이 언제 날아들지 모르는 위기 상황에서도 하나님을 수단으로 삼을 순 없었다. 궤를 이용해 왕권을 유지하거나 권력을 소유하고, 사람들을 조종하려는 마음이 추호도 없었다. 주님은 주님이시기에, 그분은 이용 대상이 아니기에. 그래서 궤를 예루살렘으로 돌려보냈다.

나는 이 세대가 이 중심을 본받길 원한다.

나는 고등학교 2학년 때, 하나님의 강력한 임재를 경험한 후에 숙명적인 부르심을 느꼈다. 그리고 결심했다.

'아, 이거 하나면 내가 살겠구나. 이 이상의 가치는 인생에서 찾을 수 없겠구나. 이 일에 내 전부를 걸어야겠다.'

그 후 약 3년 동안 홀로 골방에서 예배만 드렸다. "다윗 왕이 여호와 앞에 들어가 앉아서"라는 표현을 좋아하는 이유도 이때의 예배를 떠오르게 하기 때문이다.

다윗처럼 나도 그냥 앉아있었다. 주님께 내 인생을 어떻게 해달라고 옷자락 붙잡고 조르듯이 기도하거나 소원 목록을 작성해서 하나씩 지워간 게 아니라 그저 주님 앞에 앉아있었다. 여호와 앞에 들어가 앉아있는 것만으로도 영광스러웠다. 그 시간을 어찌 말로 다 표현할 수 있을까. '사랑', '타는 목마름', '갈망'이라는 단어로밖에 설명되지 않는다. 하나님과 나만 아는 그런 시간이었다.

어느 날은 찬양을 하는데 주님의 얼굴을 구한다는 고백을 너무나 드리고 싶었다. 주님으로부터 어떤 은택을 구하는 게 아니라 그저 주님의 얼굴을 보길 원한다는 고백이었다. 그런데 마땅한 찬양이 떠오르질 않아서 직접 만들어서 불렀다. 나의 고백을 담은 첫 자작곡 〈영원한 진리가 되신 주〉이다.

골방에서 주님 앞에 앉아있던 그 비밀스러운 시간이 내 인생 최고의 자산이다. 주님과 가장 은밀하게 교통하고 친밀함을 나눴던 시간, 그 깊이까지 파고들었던 시간, 인생의 바닥짐 같은 시간이었다.

바닥짐(밸러스트, ballast)은 배가 안전하게 항해하기 위해 배의 바닥에 싣는 물이나 자갈 따위의 중량물이다. 이것이 있어야 어떤 자극과 움직임에도 균형과 복원성을 유지할 수 있다고 한다.

오늘날 대부분의 인생과 영성에는 이 바닥짐이 없다. 이 중량은 비밀의 장막에 파고들어 주님의 임재 앞에 머무는 시간에 비례해서 생긴다. 우리가 주님 앞에 있는 것만으로 인생은 충분히 제자리를 찾을 수 있다. 내가 힘겹게 써 내려온 삶의 수많은 항목이 그분에 의해서 지워지거나 새롭게 쓰일 수 있다.

파고들라. 그 깊은 깅믹 힌으로. 너 깊이 더 오래 머물라.

여섯 걸음

하나님께 최선을 드려보았는가?

다윗의 중심을 배우기 위한 마지막 세 번째 질문이다. 다윗은 즉위 후 이스라엘 역사에서 70년 동안이나 마땅히 있어야 할 곳에 있지 못했던 법궤를 예루살렘 중심부에 모시기 위해 즉각 3만 명을 소집했다.

> 다윗이 이스라엘에서 뽑은 무리 삼만 명을
>
> 다시 모으고 다윗이 일어나 자기와 함께 있는
>
> 모든 사람과 더불어 바알레유다로 가서
>
> 거기서 하나님의 궤를 메어 오려 하니
>
> 그 궤는 그룹들 사이에 좌정하신
>
> 만군의 여호와의 이름으로 불리는 것이라 삼하 6:1,2

다윗은 백성과 더불어 빼어난 3만의 무리를 데리고 악기와 수금과 비파와 소고와 심벌즈를 연주하며 궤를 모셔오기 시작했다. 그런데 이 3만 명이 동원된 행렬과 이후 재개된 행렬 사이엔 시간의 공백이 있었다. 웃사의 충격적인 죽음으로 잠깐의 휴식기를 갖게 된 거였다. 그렇게 3개월의 시간이 흐른 뒤 언약궤의 임시 처소였던 오벤에돔의 집에서 예루살렘 다윗성까지 21킬로미터의 행렬이 다시 시작되었다.

거룩한 행진이었다. 다윗의 행렬은 여섯 걸음에 한 번씩 살진 소를 잡아 제사하며 행진했다. 여섯 걸음마다 멈춰 서서 하나님께서 이 행렬을 기뻐하신다는 것에 대한 감사와 기쁨을 화목제로 올려드렸다. 그들은 궤 곁에서 일어난 웃사의 형벌 이후 주님의 절대적인 주권과 거룩하심 앞에 더욱 겸비했다. 그래서 그분을 향한 과도한 헌신과 낭비적인 사랑을 이어갔다. 비로소 진짜예배가 시작된 것이다.

한번은 휴일을 맞아 동생 부부가 조카들에게 "너희 오늘 하고싶은 일 있니?"라고 물었다. 그러자 첫째 조카가 뜬금없이 회 뜨는 모습을 보고 싶다고 했다. 결국 동생 부부는 조카들을 데리고 수산 시장에 갔고, 조카들은 드디어 회 뜨는 모습을 볼 수 있다며 신나게 따라나섰다.

그런데 얼마 후 동생이 사진을 몇 장 보내왔다. 조카들의 동공이 있는 힘껏 확장되어 못 볼 걸 본 듯 넋이 나간 표정이었다. 여기저기 피도 튀고 내장도 흘러내리는 광경을 아이들이 직접 봤으니 얼마나 놀랐겠는가. 조카들은 집에 돌아와 상인들이 생선을 잡아 죽이는 과정을 내게 열심히 설명해주었다. 그날 저녁, 우리는 그렇게 잡은 생선으로 저녁을 차려 먹었다.

그러다 갑자기 둘째 조카가 목이 따인 새우와 팔이 잘린 랍스터 이야길 하면서 목소리가 떨리기 시작했다. 그러고는 밥상에 가지런히 누워있는 회를 바라보면서 묵념하듯 고개를 떨구고 눈

여섯 걸음

물을 삼키며 말했다.

"앞으로 너희들을 자주 먹지 않을게."

성경은 여섯 걸음마다 살진 소를 잡은 다윗의 행렬에 관해 단한 줄로 요약한다(삼하 6:13). 하지만 이 과정은 결코 간단하지도, 매끄럽지도, 우아하지도 않았을 것이다.

살아있는 생선 한 마리를 잡아 죽이는 것도 그야말로 피 튀기는 일인데 여섯 걸음마다 육중한 소를 잡아 죽이고 가죽을 벗기는 일은 얼마나 요란했을까. 아마 제사장은 여섯 걸음마다 살진소들과 씨름을 한판씩 벌였을 거다. 소가 얼마나 반항했겠는가. 소를 잡아 죽일 때 얼마나 많은 피를 흘렸겠는가. 여기저기 피가 낭자한 가운데 각을 뜨고 태워서 제사를 지냈을 것이다.

어느 신학자는 오벧에돔에서 예루살렘까지 21킬로미터의 길이 온통 피로 물들었을 거라고 말한다. 그러니 이 의식이 아무리 숭고하고 경건했을지라도 사방에서 피비린내와 땀내가 진동하는, 결코 낭만적이지 않은 과정이었을 것이다.

우리가 하나님 앞에 드리는 수고가 이렇다. 그분께 드리는 최선이 꼭 아름답지만은 않다. 그러나 이때 흘리는 땀과 눈물, 헌금과 수고와 손길은 우리의 마음이 표현된 구체적인 실물이다. 그러니 결코 생략할 수 없고, 생략해선 안 된다.

포드처치 예배팀이 대기실에서 함께 외치는 구호가 있다.

"six to seven!"

이것은 어느덧 우리의 사역 정신이 되어버렸다. 이 구호는 기획 팀장인 동생이 만든 것인데, 하나님의 영광을 위한 인간의 최선인 다윗의 여섯 걸음(여섯 걸음마다 한 번씩 멈춰 서서 살진 소를 잡아 예배하던 다윗의 행렬) 뒤에 하나님의 완성을 상징하는 7(완전수) 이 온다는 뜻으로 우리의 '여섯 걸음' 이후 '하나님의 완성'을 기대 하는 마음을 담았다.

매주 한 번의 예배를 위해 예배 공간을 설치하고 철거하기까 지 반복하는 모든 수고가 우리의 여섯 걸음일 것이다. 주일 이른 아침부터 설치와 철거를 반복해야 하는 육중한 장비들, 처음 부터 다시 해내야 하는 생략할 수 없는 과정들, 무수한 땀과 눈 물과 한숨과 수고가 스며든 이 구체적인 섬김을 통해 교회가 다 윗의 예배 정신을 온몸으로 학습하고, 우리 영혼에 다윗의 영적 DNA를 이식하고 있다고 느낀다. 사랑을 어떻게 말로만 하겠는 가. 사랑이 어떻게 달콤하기만 한가. 짠 내도 나고 쓴맛도 나는 게 사랑이다.

나는 이 과정이 오히려 포드처치 성도들에게 영광이 되기를 바란다. 시간이 흘러도 우리의 영혼육이 이 '여섯 걸음'의 가치를 본 능처럼 기억하도록 말이다. 이것이 영성의 기본값이 되고, 조준점 이 되도록.

여섯 걸음

다윗은 하나님을 향한 열망 하나로 이 모든 걸 감당했다. 주님의 임재 앞에 서고 싶어서, 주님의 임재를 이스라엘 중심부에 세우고 싶어서.

마침내 그들은 예루살렘 다윗성에 도착한다. 다윗은 왕관과 왕복을 벗어던지고 평민의 복장인 베 에봇을 입고 기뻐 춤추며 여호와의 법궤 앞에서 예배한다. 이때 다윗이 느꼈던 주체할 수 없는 기쁨은 역사상 전 인류가 느꼈던 어떤 환희와도 비교할 수 없는 질적 차이를 가졌다고 생각한다.

다윗은 시온산에 세워둔 장막에 법궤를 안치한다. 제사장들이 오벧에돔에서부터 시작된 행렬을 마치고 돌아가려 하자 그들을 불러 세워 명한다. 24시간, 365일 하나님을 예배할 것을 말이다. (역대상 23장의 이 장면을 토미테니는 이렇게 상상했다.) 이때 제사장들의 원성이 얼마나 컸을까. 하지만 다윗은 막상 하나님의 궤를 장막 안에 모시고 나니 그곳을 떠날 수가 없었다. 궁전으로 돌아가고 싶지 않았다.

다윗의 장막은 모세의 성막과 솔로몬의 성전 구조에서 찾아볼 수 없는 특징이 있었다. 바로 성소와 지성소를 나누는 휘장이 없었다. 모세 시대에 지성소의 법궤는 오직 대제사장 한 사람만이 일 년에 한 번 대속죄일(히브리력 7월 10일)에 대접에 피를 담아 들어가서만 대면할 수 있었다.

그런데 다윗의 장막은 휘장이 없었기에 예배자들이 아무런 막힘과 방해 없이 법궤의 그룹 사이에 임하신 하나님의 임재의 푸른 불꽃, 쉐키나의 영광을 직접 보았다. 이것이 다윗의 장막의 가장 두드러진 특징이었다.

이때 다윗은 거대한 예배 조직을 구성했다. 30세 이상 레위인 4천 명으로 합창단을 만들고, 그 지휘자로 아삽, 헤만, 여두둔을 임명했다. 이 세 사람의 아들들 24명이 각각 11명의 찬양대원을 거느려 각 12명으로 구성된 반차, 총 288명이 레위인 합창단을 가르치는 선생이 되게 했다. 또한 성소를 지키는 문지기만 4천 명이 동원되었다. 이것이 다윗의 장막의 예배 조직 체계였다. 이 규모로 24시간, 365일 쉼 없이 하나님을 예배했던 다윗의 장막은 적어도 33년간 지속되었다. 한 세대 전체가 이 예배를 섬긴 것이다.

다윗 시대에 이스라엘에는 꺼지지 않는 예배의 횃불이 타올랐다. 국가의 막대한 재정과 인력이 예배에 총동원되었다. 왜 이렇게까지 했을까? 하나님은 이 정도의 예배를 받으시기 합당한 분이니까. 충분한 대답이 아닌가. 24시간, 365일 동안 계속된 예배의 유일한 청중은 오직 하나님 한 분이셨다.

하나님께서는 지금도 이 예배를 추억하고 계신다. 그분이 직접 설계하고 계시하신 완벽한 모세의 성막이나 화려하고 영화롭던 솔로몬의 성전이 아닌 다윗의 장막을 재건하길 여전히 원하신다.

이후에 내가 돌아와서

다윗의 무너진 장막을 다시 지으며

또 그 허물어진 것을 다시 지어 일으키리니 행 15:16

나는 이 시대에 무너진 다윗의 장막을 일으키는 꿈을 꾼다. 이는 단지 교회의 부흥을 꿈꾸거나 하나의 사업을 벌이려는 게 아니다. 초점은 오직 한 가지, 이 세대가 하나님께서 받으시기에 합당한 예배를 드리는 것이다.

교회 개척은 쉬운 일이 아니다. 맨땅에 교회를 세우는 건 이미 세워진 터 위에서 부흥하는 것과 아예 차원이 다른 일이다. 그러나 내가 하고 싶은 일은 새로운 교회를 세워 성장시키고 할 수 있는 한 부흥하는 게 아니다.

그저 오랫동안 꿈꿔온 예배를 주님께 드리고 싶다. 조직과 체계와 성공 시스템과 습관과 타성에 젖은 예배에서 벗어나, 영적 야성이 살아있는 예배, 가난하고 깨어진 심령으로 드리는 예배, 타는 목마름으로 부르짖는 예배, 전심을 넘어선 특심의 예배 말이다.

다윗의 장막이 인류 역사상 하나님이 가장 추억하시는 예배가 될 수 있었던 이유가, 단지 예배의 장대한 규모와 막대한 투자와 남다른 열심에 있었다고 생각하지 않는다.

다윗은 예배의 제의적 형식을 하나님과의 친밀한 관계로 열었던 최초의 사람이었다. 이것은 그가 하나님만으로 자기 마음을 온전히 채워보았기에, 하나님 앞에 오래 앉아보았기에 가능한 일이었다. 그래서 그는 자신이 드릴 수 있는 최선을 드렸다.

이 시대에 이러한 친밀한 예배가 다시 회복되길 원한다. 모두가 하나님과 특별하고 비밀스러운 관계 속에서 예배하기를 축복한다.

다윗은 그 시절 잠 못 이루는 날들이 많았다. 쉼 없이 계속되는 예배로 인한 흥분 때문이었을까. 한밤중에 잠에서 깨면, 성막으로부터 들려오는 찬양 소리와 말씀 암송 소리가 그의 귓전을 울렸다. 토미 테니는 그의 저서에서 이렇게 말했다.

"그의 침실에서 정면으로 대하고 있는 언덕을 향해 서면 언약궤 주변에서 춤추는 사람들의 발이 촛불에 비춰져 생기는 그림자들을 볼 수 있었다."

이것이 다윗의 밤이었다. 어린 시절, 홀로 들판에서 별들이 수놓인 하늘을 바라보며 하나님의 영광을 노래했던 다윗의 밤은 이제 예배하는 소리로 가득했다. 그때 기록된 것으로 알려진 시편 구절이 이를 증명해준다.

보라 밤에 여호와의 성전에 서있는

여호와의 모든 종들아 여호와를 송축하라

성소를 향하여 너희 손을 들고 여호와를 송축하라 시 134:1,2

여섯 걸음

chapter six

시대를 견인하는 한 사람

삼하 6:1-15

◆ ◆ ◆ ◆ ◆ ◆

가치가 방향을 결정한다

에베레스트는 세계에서 가장 높고 험준한 산으로 잘 알려져 있다. 전 세계의 등산가들은 1922년부터 에베레스트를 오르기 위해 노력해왔지만 험한 산세와 혹독한 날씨로 정상 등반에 번번이 실패했고 사망사고도 빈번했다.

그러나 사람들은 도전을 멈추지 않았고, 드디어 1952년에 처음으로 에베레스트의 정상을 밟았다. 그 후 매년 2,3명 정도만 정상 등반에 성공했는데, 그만큼 산이 험준하고 높았다.

그런데 신기한 일이 벌어졌다. 1988년 한 해에만 50명이 넘는 사람들이 정상 등반에 성공했다. 그 해를 기점으로 1990년에는 72명, 1992년에는 90명, 1993년에는 129명이 성공했다.

1988년에 갑작스럽게 25배가 넘는 사람이 정상 등반을 할 수 있었던 이유는 무엇이었을까? 지름길이라도 발견한 걸까, 인간의 체력이 갑자기 월등하게 강해진 걸까, 아니면 등반 기술이 엄청나게 발전한 걸까?

비결은 아주 단순했다. 베이스캠프의 위치였다. 1988년 이전에 에베레스트를 등정한 모든 원정대는 3천 미터 고지에 캠프를 설치했다. 이는 물자 보급에 용이하고 캠프를 설치하기 쉽고 편한 지점이었다. 그런데 1988년 한 등정팀이 상식을 깬 도전으로 베이스캠프를 5천 미터 지점에 설치했다. 3천 미터의 안정성을 깨고 5천 미터 지점의 험난한 지형을 극복하며 기준점을 2천 미터나 과감하게 높인 것이었다.

전자는 베이스캠프에서 5천 미터를 더 올라야 정상이지만, 후자는 3천 미터만 더 오르면 정상에 다다를 수 있었다. 그 결과, 베이스캠프 위치를 5천 미터 지점으로 끌어올린 이래로 정상 등반 성공률이 50배 이상 높아졌다. 단순히 기준을 올렸을 뿐인데 엄청난 성공 모델이 탄생한 거였다.

"주의 종 다윗의 때와 같이 예배가 회복되네"라는 찬양 가사를 들어봤을 것이다. 어떻게 다윗 한 사람의 중심에서 시작된 예배가 한 시대의 예배를 회복했을까? 어떻게 가능했을까? 이것은 그가 하나님께 드릴 예배의 기준을 바꿔버렸기 때문이다. 사랑과 헌신의 기준, 하나님을 갈망하는 예배의 기준을 높였기 때문이다.

다윗은 이스라엘의 영적 베이스캠프를 높은 곳에 세웠다.

'이것이 예배의 기준이다. 우리는 하나님을 이렇게 예배한다.'

이 본문을 읽을 때마다 이 시대에 반드시 회복되어야 할 영성, 그리고 내 인생에 부여하신 고유한 사명을 발견할 수 있었다.

다윗은 예배의 새로운 기준을 보여준다. 그가 가장 먼저 제시한 기준은 '가치가 인생의 방향을 결정한다'이다. 그가 이스라엘의 영적 베이스캠프를 어느 수준까지 끌어올렸는지 이 한 번의 예배에서 확인된다. 사무엘하 6장 1,2절을 보자.

> 다윗이 이스라엘에서 뽑은 무리 삼만 명을 다시 모으고
> 다윗이 일어나 자기와 함께 있는 모든 사람과 더불어
> 바알레유다로 가서 거기서 하나님의 궤를 메어 오려 하니
> 그 궤는 그룹들 사이에 좌정하신
> 만군의 여호와의 이름으로 불리는 것이라

앞서 다윗은 20여 년간 사울 왕에 의해 엄청난 정치적 탄압을 받으며 광야에서 피난 생활을 했다. 이후 7년간은 사울 왕가를 따르던 11지파를 제외한 유다 지파의 왕이었다.

그런데 이스라엘 장로들이 다윗을 찾아와 온 이스라엘의 왕이 되어달라며 그를 추대했고, 다윗은 오랜 기다림 끝에 온 이스라엘의 왕이 되었다. 그는 왕위에 오른 후 예루살렘을 수도로 정했고, 그를 치러 온 블레셋을 인근히 제압해서 승리를 쟁취했다.

이제 완벽한 다윗의 시대였다. 하나님의 약속이 성취되었고 다

윗의 왕국이 세워진 시점이었다. 이제 그는 이스라엘의 왕으로서 자신을 증명해 보여야 하는 정치의 한복판, 권력의 핵심, 역사의 무대 중심에 서있었다.

그는 사울의 지배와 몰락을 통해 권력의 속성을 너무나 잘 알았다. 하나님께 버려지고 백성에게 외면당한 왕의 비참한 말로를 보며 다윗도 두려움과 불안, 압박과 부담이 엄청났을 것이다. 산적한 국가의 문제, 전쟁의 위협과 안보 문제를 적극적으로 해결하고, 내부적 통합과 왕권의 안정을 다져야 하는 이때, 다윗의 마음이 어디로 향하고 있었는지 보라.

이 인생의 정점, 자기 증명의 시간에 그가 하고자 하는 일이 무엇인지를 보면 평소 그의 마음을 가득 채운 게 무엇인지도 알 수 있다. 그가 가장 중요하게 생각하는 가치가 선명하게 드러난다.

1절을 보면, 다윗은 왕위 즉위와 동시에 가장 먼저 이스라엘에서 선별한 3만 명과 자기와 함께하는 모든 사람과 더불어 바알레유다로 향했다. 바로 하나님의 궤를 예루살렘 중심부로 메어 오기 위함이었다.

그가 자신의 왕권 강화를 위해 무언가를 하기 전에 선택한 일은 하나님의 법궤를 모시는 일이었다. 인생의 결정적 순간에 그의 시선 끝에는 무엇이 있었는가? 오직 하나님의 영광이 있었다. 이것이 다윗의 진정한 차별성이었다. 그의 마음은 이스라엘의 뇌리에서 오랫동안 잊혀진 가치를 향했다. 바로 이스라엘의 진정한 왕의 현존을 상징하던 여호와의 언약궤였다.

언약궤 중심의 삶은 이스라엘에게 살아있는 신앙고백이자 영적 질서였다. 그러나 그들은 타락한 나머지 이 거룩한 상징물을 마치 승리를 가져다줄 마술적인 마스코트 취급을 하며 전쟁터로 끌고 다녔고, 결국 블레셋과의 전쟁에서 이 궤를 이방인들에게 빼앗기고 만다.

하지만 법궤로 인해 임한 여러 가지 재앙과 저주 때문에 이방인들은 법궤를 두려워했고, 궤는 다시 이스라엘로 돌려보내졌다. 그러면 이스라엘은 어떻게 해야 했는가? 법궤를 왕이 거하는 수도로 모셔와야 했다. 하지만 사울 왕은 그러질 않았다. 그는 하나님의 왕 되심과 통치, 그분의 영광에 관심이 없었다. 이스라엘의 진정한 왕이 여호와 하나님이시라는 본질을 잃은 지 오래였다.

되려 사울은 이스라엘의 왕으로 즉위한 후 하나님께서 명하시지도 않은 불필요한 전쟁을 일으켰다. 왜 그랬을까? 자신의 존재를 증명하기 위함이었다. 이전에 암몬과의 전쟁을 통해 자기 존재감을 인정받았기에 하나님의 지시가 없었음에도 전쟁이란 비상적 수단을 통해서 왕권을 강화하려 했다.

그러나 다윗은 예루살렘으로 수도를 정한 후에 가장 먼저 유다 변방 아비나답의 집에 70년간 방치되었던 하나님의 법궤를 그 나라의 심장이자 통치의 중심부에 모셔오려 했다. 이 법궤를 모시는 행렬은 이스라엘의 진정한 통치자요 왕이 누구신지를 선포하는 예배였다. 시편 속 다윗의 노래를 보라.

문들아 너희 머리를 들지어다
영원한 문들아 들릴지어다
영광의 왕이 들어가시리로다
영광의 왕이 누구시냐
강하고 능한 여호와시요
전쟁에 능한 여호와시로다 시 24:7,8

다윗은 백성에게 한 가지 사실을 분명하게 선언하길 원했다.
"이스라엘은 왕이 통치하는 곳이 아니라 하나님께서 경배를 받으셔야 하는 곳이다."
하나님의 왕권 회복. 이 의식이 다윗 왕국의 핵심 가치였다.
우리는 대조적인 두 왕의 삶을 통해 큰 교훈을 얻는다. 자기 증명의 시험대 위에서 사울은 오로지 권력과 힘에 의지했다. 반면 다윗은 자기 증명보다 이스라엘 안에 여호와의 주되심을 증명하는 일에 가치를 두었다. 이것은 애초에 자신은 고려하지 않고 하나님만 존중하는 선택이었다. 하나님은 안중에도 없던 사울과는 상당히 대조적이다.
배가 항해할 때, 진행 방향을 제어하기 위해 만든 게 바로 키다. 그런데 선장이 키를 조정하며 방향을 설정할 때 바람의 저항에 부딪히게 되면, 그 저항을 견디거나 맞서면서 방향을 유지하고 전환해야 한다.

우리의 영혼도 마찬가지다. 하나님의 영광을 향한 방향성은 매 순간 인생에 찾아오는 수많은 문제와 자아의 저항에 부딪힌다. 그럴 때 우리는 그 저항에 맞서면서 하나님의 영광으로 끊임없이 초점을 맞춰야 한다.

당신의 인생의 가치는 무엇인가? 무엇으로 자신의 존재를 입증하려 하는가? 우리의 존재는 주님의 통치가 인생 중심부에 오셔야 완성된다. 세상의 성공법에 기대어 자신을 증명하려 하지 마라. 자신의 공로에 기대어 존재를 과시하려 하지 마라.

교회 개척을 결정하고 다양한 일에 대처하면서 다윗의 마음을 많이 묵상했다. 어쩌면 인간적인 관점으로는 그때의 다윗처럼 내게도 자기 증명의 시간이 놓여있었는지 모른다.

내가 책임지고 펼쳐나가야 할 과업이 산적했다. 막중한 부담감과 책임감이 나를 누르고 흔들려 할 때마다 영혼의 골방으로 기어 들어가는 수밖에 없었다. 임재 앞에 서기 위해 고독의 관문을 통과했다. 그리고 적막하고 고요한 시간을 마주했다. 그 적요를 조금 더 뚫고 나가면 시온의 대로가 펼쳐졌다. 주님을 향한 대로(大路), 주님의 얼굴을 향한 대로.

여섯 걸음

우리는 그분을 의식할 때만, 그 얼굴 앞에 설 때만 제대로 된 방향 설정을 할 수 있다. 주님의 얼굴에서 그분의 눈을 찾는 건 인생의 다른 저항을 거스르고 주님의 영광에 초점을 맞추는 영혼의 행위다. 그렇게 나는 주님의 얼굴 앞에서 목회를 배우고, 주님의 임재 앞에서 인생을 받아적어 내려가려 한다.

갈망이 인생의 동력을 결정한다

다윗이 다음으로 제시한 예배의 기준은 '갈망이 인생의 동력을 결정한다'이다. 13-15절 말씀을 보자.

여호와의 궤를 멘 사람들이 여섯 걸음을 가매

다윗이 소와 살진 송아지로 제사를 드리고

다윗이 여호와 앞에서 힘을 다하여 춤을 추는데

그때에 다윗이 베 에봇을 입었더라

다윗과 온 이스라엘 족속이 즐거이 환호하며

나팔을 불고 여호와의 궤를 메어오니라

이제 다윗의 행렬이 시작된다. 그런데 이 걸음이 마냥 행복한 설렘과 기대 위에 세워진 건 아니었다. 앞서 3-8절에서, 3만의 무리를 동원하고 비파와 수금과 모든 제악으로 찬양하며 하나님의 법궤를 모셔오고자 했던 다윗의 마음은 나곤의 타작마당에서 일어난 웃사의 죽음을 통해 크게 좌절되었다.

다윗이 얼마나 당황하고 두려웠을까? 한편으론 하나님께 서운했을 것도 같다. 이스라엘의 모든 백성이 보는 앞에서 다윗이 하나님께 드린 예배가 보란 듯이 거절됐기 때문이다.

때로 우리도 삶에서 이런 충돌을 맞닥뜨린다. 영광스러운 목적을 향해 가는 여정 중에 뜻하지 않게 우뚝 솟은 커다란 장벽을 만나면 우리의 선한 동기마저 꺾어버릴 때가 있다.

그런데 사실 이 장벽 앞에서 우리가 품은 갈망의 크기가 드러난다. 장애물에 좌절할 것인가, 높이 뛰어넘을 것인가?

《마지막 강의》의 저자 랜디 포시 교수가 아들에게 남긴 글에 이런 이야기가 나온다.

"아들아, 네가 인생을 살며 어떤 벽에 부딪힐 때 그 벽은 너를 막기 위한 게 아니야. 그 벽은 그것을 간절히 원하지 않는 다른 사람들을 막아주기 위한 것이란다. 너를 그곳에 들어가게 하기 위해서지."

그러니 삶의 장애물, 인생의 벽 앞에서 절망하지 말라는 거다. 분노하거나 포기하지 말고 장벽을 넘어 계속 그 길을 가라는 것이다. 인생에 장벽이 있는 건, 우리를 내몰거나 주저앉히려는 게 아니라 우리가 그것을 얼마나 절실히 원하는지를 깨닫게 하려고 있는 것이다. 절실하지 않은 사람은 장벽 앞에서 멈추기 때문이다.

여섯 걸음

인생의 장벽은 간절하지도, 절실하지도 않은 사람을 멈추게 한다. 그러니 장벽 앞에 서면 자신의 갈망의 크기를 확인할 수 있다. 내가 정말 추구하고 갈망해야 하는 게 무엇인지를 더욱 분명하게 알게 된다. 만일 결코 포기할 수 없는 거라면 장벽을 뚫고라도 가야 한다. 이 절실함의 차이 때문에 삶의 장벽은 누군가를 멈춰 서게 하고, 누군가를 더욱 목마르게 만든다.

다윗은 멈추지 않았다. 아니, 멈출 수 없었다. 그의 중심에서 소용돌이치는 하나님의 영광과 임재를 향한 목마름 때문에. 그래서 그 갈망으로 다시 돌아갔다. 하나님의 뜻을 하나님의 방법대로 이루기 위해 말씀 앞에 서서 처음부터 다시 시작했다. 실패했던 자리, 좌절됐던 지점, 거절당한 그 장소로 돌아가서 첫 마음을 다시 일으켜 세웠다. 예배란 내가 드리는 것으로 완성하는 게 아니라 하나님이 받으실 때 완성되는 것임을 고백하면서.

결국 인생의 동력은 갈망의 크기로 결정된다. 갈망이 사라지지 않는 한 인생은 전진한다. 갈망이 크고 깊을수록 인생의 보폭과 크기가 달라진다. 가장 높고 위대한 것을 갈망하라. 그것은 단연코 하나님의 영광이다. 그 영광을 끊임없이 갈망하라. 그럴 때 우리 인생은 누구도 따라잡기 힘든 동력을 갖게 될 것이다.

가슴으로 하는 사랑

포드처치를 개척하고 교회의 개척 비전을 담은 영상을 제작했다. 동생이 카피를 썼는데 내 개척 비전을 시적으로 아주 잘 담아 냈다.

마음껏 울기 위해 광야로 나왔습니다.
하나님의 자리를 찾아 먼 길을 왔습니다.
가슴으로 사랑을 알고 싶어서
하나님을 중심에 두고 싶어서.
야성 없는 믿음은 갈망을 잃고
갈망 없는 예배는 사랑을 잃습니다.
이제 쓸 우리의 이야기는 사랑에 관한 것입니다.
그러나 결국 이것은 하나님의 이야기가 될 것입니다.

이 '가슴으로 하는 사랑'만이 이 시대 다윗의 장막을 재건할 유일한 근거다. 하나님을 자신의 전부로 여기는 사랑, 이를 빼놓고는 다윗의 삶을 논할 수도, 다윗의 예배를 배울 수도 없다. 눈물과 갈망과 믿음의 야성은 어쩌면 모두 동의어다. 본질적으로 이것은 가슴으로 하는 사랑의 연쇄 반응이다.

사랑이 갈망을 부르고, 갈망이 더 큰 갈망을 끝없이 부르는 것. 이것이 다윗의 예배의 본질이다. 다윗의 24시간 이어진 예배

여섯 걸음

는 그 사랑의 지속적인 표현 방식일 뿐이었다.

고 박완서 작가의 인터뷰집 《박완서의 말》에서 '우리 시대를 어떻게 보고 있냐'라는 질문에 그녀는 이렇게 답했다.

궁극적으로 작가는 사랑이 있는 시대, 사랑이 있는 정치, 사랑이 있는 역사를 꿈꾸는 사람이라고 생각해요. 자고로 우리는 사랑이 있는 시대를 살아본 적이 없어요.

우리 역사에 사랑이 개입해본 적이 있나요. 우리 정치사에 사랑이 있어본 적이 있나요. 권력은 있었을지 모르지만 진정한 사랑을 체험한 이야기가 있나요. 그러니까 우리 시대는 꿈이 없는 시대, 재미가 없는 시대, 상상력이 없는 시대로 떨어지고 말았어요.

진정한 의미에서 사랑을 회복하는 일, 사랑의 능력을 되찾는 일이 가장 중요하다고 봅니다. 사랑이 가슴에 차있지 않는 사람에게서 우리는 새로운 미래를 기대할 수 없기 때문이지요. 진정한 해방의 세계란 과학도 지식도 이론도 아니고 '사랑의 힘'이라고 나는 믿고 있습니다.

세상도 사랑이 필요하다고 말한다. 진정한 사랑의 힘을 찾으며, 가슴에 사랑이 차있는 사람이 열어갈 미래를 꿈꾸고 있다.

그런데 교회는 어떤가? 예배는 어떤가? 교회의 본질은 사랑이다. 하나님을 사랑하는 것 외에 다른 건 다 비본질이다. 사랑을 향한 갈망만이 예배의 기름부음이다.

다른 것은 좀 부족해도 사랑이 있으면 된다. 사랑만큼은 포기하면 안 된다. 비록 무명의 삶이어도, 초라하고 볼품없어도 괜찮다. 단, 사랑의 기쁨을 잃어선 안 된다. 사랑 없는 지식은 공허하고, 사랑 없는 옳음은 무용하며, 사랑 없는 진리는 무력하다. 사랑이 없인 아무것도 아니다.

태도가 고도를 결정한다

하나님이 여호와의 언약궤를 멘
레위 사람을 도우셨으므로
무리가 수송아지 일곱 마리와
숫양 일곱 마리로 제사를 드렸더라 대상 15:26

다윗이 제시한 예배의 마지막 기준은 '태도가 고도를 결정한다'이다. 앞서 살펴본 다윗의 행렬은 전 과정이 인간의 수고로움의 극한을 보여준다. 병행 구절인 역대상 15장의 여섯 걸음에 한 번씩 살진 소를 잡았다는 그 제사는 수송아지 일곱 마리와 숫양 일곱 마리로 드려진 제사였다.

히브리 숫자 6은 인간의 수다. 숫자 7, 쉐바가 하나님의 수로 '완성과 안식'을 의미한다면 6은 '수고와 노동'을 의미한다. 즉 다윗이 여섯 걸음을 걷고 살진 소를 잡아 제사했다는 것은 그가 최선을 다해 수고한 후 하나님의 완성을 기대했다는 의미를 담고 있다.

6 다음은 7이다. 4 다음에 5나 6 정도는 건너뛰고 7이 될 순 없다. 생략 불가다. 이처럼 다윗은 인간의 요행 뒤에 하나님의 은혜를 기대하지 않았다. 인간의 최선 뒤에 하나님의 완성을 기대했다.

일본의 '혁신의 아이콘'이자 주목받는 경영인 마스다 무네아키는 자신의 경영 원칙을 설명하면서 '2호점의 실패'라는 중요한 원리를 이야기한다. 1호점의 큰 성공에 힘입어 2호점을 내면 꼭 실패한다는 징크스를 수없이 경험했다는 거다.

2호점의 경우, 1호점의 경험을 토대로 '이렇게 하면 성공'이라는 매뉴얼화된 공식 아래 성공 패턴을 하나 더 만들려 하다 보니, 고객의 시각에서 다가가려는 노력이나 일에 임하는 사원의 순수한 설렘이 지워지고 기계적으로 반응한다는 거다.

이것이 실패를 부르는 태도다. 오늘의 과업에 있어서 자꾸 과거의 성공 경험과 요령에 기대려 하는 관성을 과감하게 끊어내야 한다. 특히 예배는 언제나 '0점'에서 다시 시작해야 한다. 기업 경영이 고객을 만족시키기 위해 계속 0점을 맞추듯이, 우리는 유일한 예배의 대상이신 주님을 기쁘시게 하는 데 계속 0점을 맞춰야 한다.

다윗의 예배는 여섯 걸음마다 0점으로 돌아갔다. 여섯 걸음을 걷고 멈췄다. 그리고 살진 소를 잡아 제사를 지냈다. 다시 여섯 걸음을 갔다. 또다시 멈춰 서서 살진 소를 잡아 제사를 지냈다. 이 과정은 이전 과정에 기댈 수 없었다. 그래서 치열하고 고됐다. 매번 새로운 시험지 같았다. 하지만 그랬기에 6 다음에 7이, 최선 뒤에 완성이, 믿음의 헌신 뒤에 약속의 성취가 따랐다. 이 여섯 걸음 뒤에 합당한 영광을 받으신 하나님을 만날 수 있었다.

이 태도가 인생의 고도를 결정한다. 매주 반복되는 우리의 예배에 이 'six to seven'의 과정이 있기를 바란다. 우리의 최선 뒤에 하나님의 완성이 부어지길, 교회와 예배를 위한 아낌없는 사랑과 헌신이 주님이 받으실 영광으로 완성되길 원한다.

한국의 위대한 석학 고 이어령 교수님은 《젊음의 탄생》에서 '젊음'을 이렇게 이야기했다.

펭귄들은 떼를 지어 바다로 모여들지만, 정작 바다에 뛰어들기 직전에 다 머뭇거린다고 한다. 바다에는 자신이 좋아하는 먹잇감도 있지만 이와 함께 천적이 있을지도 모르기 때문이다. 그런데 이 불확실한 바다를 향해 맨 먼저 뛰어드는 용감한 펭귄이 있다. 바로 '최초의 펭귄'(first penguin)이다. 최초의 펭귄이 첫 주자로 나서주면 그때까지 두려워서 머뭇거리던 다른 펭귄들도 일제히 그 뒤를 따라 바다로 뛰어든다고 한다.

여섯 걸음

불확실하지만 일단 저지르는 것. 끝없이 회의하다가도 순간적인 직관이나 느낌을 따라 삶 속으로 뛰어드는 것. 저자는 "이것이 바로 젊음이 아닐까?"라고 이야기한다. 모두가 하나같이 무언가를 원하고 얻기 위해 달려가지만, 정작 그 앞에서 머뭇거릴 때 주저하지 않고 그것을 향해 자신을 던질 수 있는 패기가 바로 젊음의 증거라는 것이다.

나는 우리가 이 시대의 '최초의 펭귄' 역할을 감당하길 사모한다. 모든 교회가 부흥을 말하고 원하면서도 그것을 위해 치러야할 대가 앞에서 머뭇거릴 때, 두려움 앞에서 주저할 때, 하나님께 드릴 헌신 앞에서 득과 실을 계산할 때, 우리는 하나님이 받으실 영광을 위해, 이 시대 다윗의 행렬을 이어가기 위해, 마침내 하나님께서 찾으시는 다윗의 장막을 재건하기 위해 이 놀라운 비전에 자신을 던지기를 축원한다.

우리가 최초의 펭귄이 될 때 이 땅의 교회들이 하나님이 받으실 이 영광에 함께 뛰어드는 압도적인 부흥의 시대가 열리길 기대하며 기도한다.

최초의 펭귄, 우리가 그 시작이다.

여섯 걸음

초판 1쇄 발행   2023년 4월 27일
초판 11쇄 발행   2025년 1월 10일

지은이   원유경
편집 어드바이저   원유진

펴낸이   여진구
책임편집   김아진 정아혜
편집   이영주 박소영 최현수 구주은 안수경 김도연
책임디자인   노지현 | 마영애 조은혜 정은혜
홍보 · 외서   진효지
마케팅   김상순 강성민   **마케팅지원**   최영배 정나영
제작   조영석 허병용   **경영지원**   김혜경 김경희

303비전성경암송학교 유니게 과정
이슬비전도학교 / 303비전성경암송학교 / 303비전꿈나무장학회

펴낸곳   규장

주소 06770 서울시 서초구 매헌로 16길 20(양재2동) 규장선교센터
전화 02)578-0003   팩스 02)578-7332
이메일 kyujang0691@gmail.com   홈페이지 www.kyujang.com
페이스북 facebook.com/kyujangbook   인스타그램 instagram.com/kyujang_com
카카오스토리 story.kakao.com/kyujangbook
등록일 1978.8.14. 제1-22

ⓒ 저자와의 협약 아래 인지는 생략되었습니다.

본문에 'Mapo금빛나루' 서체가 사용되었습니다.

책값 뒤표지에 있습니다.
ISBN 979-11-6504-428-2 03230

규 | 장 | 수 | 칙

1. 기도로 기획하고 기도로 제작한다.
2. 오직 그리스도의 성품을 사모하는 독자가 원하고 필요로 하는 책만을 출판한다.
3. 한 활자 한 문장에 온 정성을 쏟는다.
4. 성실과 정확을 생명으로 삼고 일한다.
5. 긍정적이며 적극적인 신앙과 신행일치에의 안내자의 사명을 다한다.
6. 충고와 조언을 항상 감사로 경청한다.
7. 지상목표는 문서선교에 있다.

하나님을 사랑하는 자 곧 그의 뜻대로 부르심을 입은 자들에게는 모든 것이 合力하여 善을 이루느니라(롬 8:28)

규장은 문서를 통해 복음전파와 신앙교육에 주력하는 국제적 출판사들의
협의체인 복음주의출판협회(E.C.P.A:Evangelical Christian Publishers
Association)의 출판정신에 동참하는 회원(Associate Member)입니다.